绝对签单

The Art of Selling

给客户一个
无法拒绝你的理由

焱公子 黄胖紫
陈璐 刘媛 ◎著

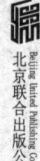

北京联合出版公司

图书在版编目（CIP）数据

绝对签单 / 焱公子等著. -- 北京：北京联合出版公司, 2024.8. -- ISBN 978-7-5596-7746-4
Ⅰ.F713.3-49
中国国家版本馆CIP数据核字第2024XA6730号

绝对签单

作　　者：焱公子　黄胖紫　陈　璐　刘　媛
出 品 人：赵红仕
责任编辑：管　文
选题策划：刘昭远
封面设计：时代华语设计组
版式设计：姜　楠

北京联合出版公司出版
（北京市西城区德外大街83号楼9层　100088）
北京时代华语国际传媒股份有限公司发行
唐山富达印务有限公司印刷　新华书店经销
字数145千字　690毫米×980毫米　1/16　12.75印张
2024年8月第1版　2024年8月第1次印刷
ISBN 978-7-5596-7746-4
定价：55.00元

版权所有，侵权必究
未经书面许可，不得以任何方式转载、复制、翻印本书部分或全部内容。
本书若有质量问题，请与本公司图书销售中心联系调换。电话：010-63783806

目 录

第一章 如何找到更多客户

第1节 谁是你的目标客户 / 003
第2节 怎么问才能挖到需求 / 011
第3节 怎么让老客户帮你介绍新客户 / 018
第4节 各行业线上拓客的方法 / 025

第二章 公域打造，如何获取客户信任感

第1节 我很厉害：有人设，但不要立人设 / 039
第2节 我的产品很厉害：不说"卖点"说"买点" / 042
第3节 我能帮到你：第一时间晒价值，给客户种草 / 047

第三章 私域打造，给客户一个主动来找你的理由

第1节 秀肌肉：好产品是推销出来的 / 053
第2节 晒案例：买家秀要这样晒 / 064
第3节 晒反馈：金杯银杯不如客户的口碑 / 067

第四章 快速破冰：跟任何人都聊得来

第 1 节 主动出击，找到让客户愿意回应的话题 / 077
第 2 节 持续畅聊，跟客户处成闺密 / 082
第 3 节 用讲故事的方式聊天，增强信任感 / 085

第五章 分类记录，按聊天参与度逐个击破

第 1 节 参与度不高时：没能聊下去的客户不一定不买 / 094
第 2 节 参与度适中时：有回应的客户要多花时间 / 100
第 3 节 参与度强烈时：聊得火热的客户怎样促成购买 / 103

第六章 以下这些成交信号，你一定要注意

第 1 节 场景一：当客户问"你的×××是怎么样的？" / 109
第 2 节 场景二：当客户说"什么时候发货？" / 112
第 3 节 场景三：当客户说"我问问老公/朋友的意见" / 115
第 4 节 场景四：当客户说"这个还能再便宜点吗？" / 118

第七章 不同场景下如何有效逼单

第 1 节 当客户说"太贵了" / 125
第 2 节 当客户说"再便宜点" / 128
第 3 节 当客户说"我再考虑考虑" / 130
第 4 节 当客户说"我暂时还用不上" / 133

第八章　做一次能顶十次的多客户成交法

第 1 节 "暧昧期"的客户：狠扎痛点建立期待 / 139
第 2 节 "恋爱期"的客户：对应痛点给出解决思路 / 144
第 3 节 "表白期"的客户：展现问题的部分解决方案 / 151
第 4 节 "喜宴期"的客户：给足仪式感，刺激观望型客户 / 155

第九章　这样维护客户，有效提升复购率

第 1 节 优质型客户：建立专属档案，优化细节，升级服务　 / 161
第 2 节 价值型客户：无法进行一对一精细服务时，设立会员等级是好策略 / 167
第 3 节 挽留客户：针对客户流失的原因"对症下药" / 171

第十章　做好售后服务，不销而销，持续热卖

第 1 节 售后场景一：当客户带着情绪来 / 180
第 2 节 售后场景二：当客户要求补偿时 / 186
第 3 节 售后场景三：当客户询问解决方案 / 192

第一章

如何找到更多客户

在销售过程中，找到并吸引客户是推动业绩增长的核心。那么，销售员怎样才能找到更多的有效客户呢？本章将为你解答这个问题。

通过市场调研确定目标客户群体，利用多种沟通渠道建立联系，培养良好的客户关系，持续学习销售技巧，是找到更多有效客户的关键。

第1节
谁是你的目标客户

找准目标客户是销售工作成功的第一步。然而，很多新手销售员在开展工作时经常忽视这一点，导致事倍功半。

谁才是我们的目标客户？一般来说，目标客户应同时具备以下三个核心特征：**有需求、有购买力、有决策权。**

有需求：客户对你的产品或服务有明确的需求和期望。

有购买力：客户具备购买你所提供的产品或服务的经济能力。

有决策权：在购买过程中，客户能够做出最终的购买决策。

这三个要素缺一不可，只有同时满足，才能算是真正意义上的目标客户。比如一个中小型企业主，他需要一种新的生产工具来提高生产效率（有需求），他有足够的资金来购买这个工具（有购买力），并且有权决定是否购买（有决策权）。那么，此人就符合目标客户的全部条件。

然而现实生活中，我们更常遇见的情况是：有需求，无购买力；有需求和购买力，无决策权；无需求。

下面，我展开说一说这三种情况应该如何应对。

1. 有需求，无购买力

在与客户初步接触时，销售员除了要关注客户的需求，还要了解他们的经济状况，确保你所提供的产品或服务与客户的购买力相匹配。

如果是在线下销售，我们可以通过面对面观察和交谈，从中判断客户的购买力。

如果是在线上，无法面对面观察，我们可以直接询问客户的需求和预算，以掌握他们的购买力。例如，可通过话术做引导：

> 在为您介绍我们的产品或服务之前，我想先了解一下您的预算是怎样的？这样可以确保我为您提供的方案既符合您的预期，又在您的预算之内。

通过提问，不仅可以了解客户的购买力，还能为接下来推荐合适的产品或服务打下基础。

掌握客户的购买力后，可以把客户划分为三种类型：无购买力、暂时无购买力、有部分购买力。

针对这三类客户，可以采取如下销售策略和沟通话术。

（1）无购买力

策略：保持联系，定期分享产品或服务的优惠信息及产品更新动态，等待客户财务状况改善。

非常理解您目前的情况。我们的产品/服务随时都在更新和优化，后面有优惠活动或者产品更新动态我也会通知您，说不定就有合适的。

（2）暂时无购买力

策略：重点了解客户的可能购买时间，保持联系。

非常理解您目前的情况。那您预计什么时候方便考虑这件事？告诉我，我到时候提前联系您。当然，我们这边有优惠活动，我也会及时通知您。

（3）有部分购买力

策略：推荐性价比高的产品或服务套餐，或提供分期付款等财务解决方案。

了解到您在预算方面有一定的限制。我们有一些性价比较高的产品/服务套餐，可能更适合您当前的需求和预算。另外，我们也提供分期付款的服务，帮助您更轻松地实现购买需求。

在实际销售过程中，根据客户的具体反应和需求，我们可以灵活调整上述话术，以确保沟通的有效性和客户的满意度。

举个例子，假设你是一位智能手机销售员，一位刚大学毕业的年轻人对新款智能手机非常感兴趣，但是暂时无购买力。

> 销售员："您看中的这款手机是刚上市的新款，拍摄功能很完善，款式也很时髦，特别适合您这样的年轻人。"
>
> 客户："是啊，我也很喜欢，但我刚毕业，手头有点紧。"
>
> 销售员："理解，针对您的这种情况，我们现在有一个分期付款的方案，您看需要了解一下吗？可分6期和12期，12期的更划算，手续费不高，每个月只需支付不到800元就可以拥有这款手机了。您觉得怎么样？"

在这个场景中，销售员发现客户经济紧张，并判断出客户有需求，而且有部分购买力，就提供了分期付款的解决方案，从而帮助客户解决了购买力不足的问题。

2. 有需求和购买力，无决策权

客户有需求和足够的购买力，但缺乏做出最终决策的权力，这种情况也会导致销售陷入僵局。因此，识别具有决策能力的目标客户至关重要。以下是一些可用的话术和技巧可以识别这类客户：

（1）流程探询法

询问客户公司在购买类似产品或服务时的决策流程，以便了解决策者的身份和参与程度。

能否请您分享一下贵公司购买这类产品的决策流程？这样我可以更好地确保我们的服务与您的需求相匹配。

（2）职位探询法

询问客户在公司中担任的职位，并了解该职位在决策过程中的作用和责任。

我了解到您是公司的××（职位名称）。我想请教一下，通常这个职位会负责哪些方面的决策呢？我希望了解更多关于您的角色，以便我们更好地合作。

（3）预算探询法

了解客户是否已经获得购买预算的批准，或者预算审核的具体流程。

关于预算方面，您是否已经得到了批准，还需要经过哪些审核流程？

如果我们能够满足您的所有要求，您预计什么时候可以走完预算流程？

我们来看一个例子。

假设客户是某公司的行政部经理,来咨询企业管理软件。一开始,他就对软件表示出浓厚的兴趣,但又迟迟未做出购买决策。销售员可以通过以下方式进行沟通:

> 销售员:"您好,李经理,我想请教一下,通常您这个职位在公司中会负责哪些方面的决策呢?"(职位探询法)
>
> 客户:"作为部门经理,我主要负责部门内部的日常运营和管理。购买企业管理软件这样的大额支出,我需要向上级领导提交报告,并获得他们的批准。"
>
>
> 销售员:"明白了,如果您需要向上级领导汇报,我可以为您准备一份详细的产品介绍和报价,以便您向他们展示我们的软件及其价值,您看可以吗?"
>
> 客户:"可以,这样我就能更全面地了解你们的产品,并向领导详细汇报了。"
>
> 销售员:"如果我们能够满足贵公司的所有要求,您预计大概多久可以走完预算流程?"(预算探询法)
>
> 客户:"按照以往经验,大概15个工作日。"

以上案例中,销售员先是通过职位探询法了解到客户在公司的决策范围,在得知他并非最终决策者后,及时调整销售策略——为客户准备详细的产品介绍和报价,协助他向上级汇报并争取获得批准。同时,又通过预算探询法了解了客户公司的审核流程,为后续销售做准备。上述做法,既体现了销售员的专业素养和对客户需求的理解,又能有效推动销售进程。

假设我们遇到的是个人客户,话术就相对简单,可以通过侧面了解:"您之前购买过这类产品吗,家人反馈怎么样呀?"或者,在感觉客户心情还不错的情况下,以开玩笑的口吻询问:"日常购买这些产品,都是您做主吗?"类似这样的提问方式,用以确定客户的决策权,再相应调整销售对策。

切忌问:"这事您可以自己做主吗?"这类话术显得冒犯,容易激怒客户,让客户觉得没面子,导致销售失败。

3. 无需求

无需求的客户也分为三类:完全不需要、不确定需求、可有可无。

在实际销售过程中,对于完全没需求的客户,销售员应该接受并尊重他们的决定,不要再追着问。对于后两类客户,销售员需要运用相应的技巧和策略来激发和挖掘他们的需求。我们将在接下来的一节中详细介绍这些技巧。

4. 绘制目标客户画像

确定目标客户后,接下来的步骤是绘制他们的清晰画像。目标客户画像有助于销售员深入了解客户需求、偏好和行为模式,进而制定更有效的销售策略。通常,客户画像包括以下几个方面:

类别	关键信息	示例	数据来源	用途及操作建议
基本特征	姓名、年龄、性别	张三，30岁，男	问卷及朋友圈调研	快速识别客户类型，调整沟通风格
职业与收入	职业、月收入	工程师，月收入10000元	问卷及朋友圈调研	预测购买能力和消费习惯
需求与动机	主要需求、购买动机	改善生活质量，追求性价比	客户沟通	强调产品满足需求，提供性价比高的方案
购买历史	最近购买的产品或服务	上个月购买了新款手机	购买记录	判断购买意向，推荐相关产品
品牌偏好	偏好的品牌或产品特点	喜欢知名品牌，注重产品质量	在线行为	强调品牌优势，提供高质量产品
沟通触点	常用的沟通渠道和方式	微信、电话	客户沟通	选择合适的沟通方式，提高沟通效率
购买障碍	可能的购买障碍或疑虑	价格高、功能不足、担心售后服务	客户反馈	提供解决方案，消除客户疑虑

值得注意的是，随着市场和客户需求的变化，销售员还需要定期更新和调整目标客户画像，以确保销售工作的持续有效性。

总之，一个合格的目标客户不仅需要有明确的需求（对你的产品或服务的需求），还应具备足够的购买力和决策权。这三个要素缺一不可，找到它们，就能轻松找到你的目标客户。

第 2 节
怎么问才能挖到需求

销售大师金·克拉（Zig Ziglar）曾说："提问是销售的黄金法则。"

通过提问，销售员可以了解客户的需求、问题和目标，从而提供最佳的解决方案。以下是三种有效的提问方法，能帮助你挖掘客户需求，加速销售进程。

1. 提封闭式问题

封闭式问题的特点是，通常只需要客户回答"是""否"，或者从几个有限的选项中选择一个。常用的句式包括如下关键词："是否""您是……还是……"

例子：

您现有的系统是否支持移动办公？

您更喜欢红色还是蓝色？

您想要加里脊还是鸡蛋？

这类问题有助于销售员快速收集信息、缩小讨论范围，并引导客户沿着特定的思路思考。

在实际应用中，销售可以连续提出封闭式问题。这样做的好处是效率高、引导性强，可以快速获得客户的明确回答。

举个例子，假设客户来咨询护肤产品：

> 销售员："您之前是否使用过我们品牌的护肤品？"
> 客户："是的。"
> 销售员："您对我们产品的保湿效果是否满意？"
> 客户："挺满意的。"
> 销售员："好的，我想了解一下，您是更看重产品的保湿效果，还是抗衰老效果？"
> 客户："我更看重保湿效果。"

由上可见，连续提出封闭式问题，我们挖到的客户需求是：她更注重护肤品的保湿效果。

值得注意的是，二选一的提问方式，虽然可以有效引导客户思考并明确自己的需求，但也有可能会因此限制客户的自由表达，导致销售员错过一些重要或潜在信息。如果销售员的假设（如二选一的选项）不准确，可能会误导客户，也可能会使销售员偏离客户的实际需求，最终错失客户。而且，连续提出封闭式问题会使沟通过程过于机械，像是在填写一份问卷调查表，同时也有可能使客户感到自己没有被真正听取和理解，而是被一系列预设好的问题所限制。

这时候,开放式问题就派上用场了。

2. 提开放式问题

开放式问题允许客户自由表达想法、感受和需求,不限制回答范围。

这种提问方式有助于激发客户的谈话欲望,销售员可以深入了解客户的内心世界,发现其潜在需求,从而建立信任关系。常用句式包括如下关键词:"哪些方面""是什么""为什么""您觉得……怎么样""对于……有什么想法/看法/期待?""在选择XXX时,您还看重哪些方面?"

继续以上述护肤品销售为例:

销售员:"您觉得在使用护肤品时,哪些方面对您来说最重要?"

客户:"我觉得产品的成分很重要,我希望是天然的,没有太多化学添加剂。"

销售员:"除了成分天然之外,您对于使用效果方面有什么特别期待吗?"

客户:"我希望产品能够有很好的保湿效果,并且能够帮助抵抗皮肤老化。"

销售员:"好的。保湿和抗衰老确实是很多客户关注的重点。在选择护肤品时,您是否还看重其他方面,比如品牌信誉、口碑或者价格等?"

客户："品牌信誉和口碑也很重要，毕竟用在皮肤上的东西，还是要选择信得过的品牌。"

由上可见，通过开放式问题，我们挖到的客户需求是：她更看重天然成分、良好的保湿效果、抗衰老功能、可信赖的品牌和口碑。

值得注意的是，在销售场景中，使用开放式问题的好处是能鼓励客户详细阐述自己的想法和需求，给销售员提供更多有价值的信息。通过聆听客户的回答，销售员也可以展示对客户需求的关注和理解，从而建立信任关系。在获取客户的关键需求后，为确保对这些信息的理解是准确无误的，销售员还需要使用确认性问题来进行验证。

3. 提确认性问题

确认性问题可用来验证销售员对客户需求的理解是否正确。它通常基于客户之前的回答或表述，以确保双方对需求、期望和解决方案有着正确的、共同的理解。常用句式包括如下关键词："对吗？""是这样吗？""再确定一下"。

我们还是继续以上述护肤品销售为例：

销售员："所以，您希望找到一款成分天然、保湿效果好，并且具有抗衰老功能的护肤品，同时品牌信誉和口碑也很重要。对吗？"

客户："是的，没错。"

> 销售员："那么，对于这款护肤品，您的预算范围或者价格要求是什么？"
>
> 客户："我希望价格适中，不要太贵的。"
>
> 销售员："价格适中，不要太贵的，我的理解是精华、面霜每款都不要超过1000元，是这样吗？"
>
> 客户："我希望加起来不要超过1000元。"
>
> 销售员："我再确定一下，您希望找到一款成分天然、保湿效果好、具有抗衰老功能的护肤品，品牌信誉和口碑要好，单款价格不要超过500元。对吗？"
>
> 客户："是的。"

由上可见，通过确认性问题，我们挖掘到的客户需求是：她想要找到一款护肤品，单价不超过500元，成分天然、保湿效果好、具有抗衰老功能，同时，品牌信誉和口碑也要好。

通过反复使用确认性问题，销售员能确保自己对客户需求已有了准确理解，并且也能让客户对自己的需求有更清晰的认识。

值得注意的是，确认性问题准确性高，可以帮助销售员及时纠正误解或不明确的地方，确保后续销售活动的有效性，增强客户的参与感和满意度。然而这种提问方式的潜在坏处是，若过度依赖确认性问题，有可能导致销售员在销售过程中缺乏主动性和创造性。而且这可能会让客户感到重复和冗余，心生厌烦，从而影响销售效率。

既然每一种方式都有其利弊,那么我们在实际销售过程中就要尽可能综合运用,不要简单粗暴地提问,而要善用封闭式问题、开放式问题、确认性问题,更耐心、用心地挖掘客户需求。

举个例子,假设你是一位健康类产品的销售员,有客户来了解你的产品。

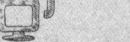

> 销售员:"您好,请问您是想寻找针对特定健康问题的营养补充品,还是只想保持日常的营养均衡?"(封闭式问题)
>
> 客户:"我最近感觉疲劳,想找找看有什么能帮助提升精力的产品。"
>
> 销售员:"明白了。除了疲劳,您还有没有其他的不适症状和特定的需求?"(开放式问题)
>
> 客户:"我还经常感到压力大,有时候睡眠不好。"
>
> 销售员:"好,我知道了。所以您是想寻找一款能够帮助提升精力、缓解压力并改善睡眠的产品,对吗?"(确认性问题)
>
> 客户:"是的,最好是这样的。"
>
> 销售员:"好。我们有两款产品可能适合您的需求。其中一款是含有多种维生素和矿物质的复合营养片,它可以帮助提升精力和缓解压力。另外,我们还有一款含有褪黑素的产品,专门针对改善睡眠质量。您对这些产品感兴趣吗?"(封闭式问题)
>
> 客户:"听起来都不错,我想了解更多关于这两款产品的信息。"

在上述案例中，综合运用三种类型问题，销售员挖掘到的客户需求是：希望能找到一款帮助提升精力、缓解压力，并改善睡眠质量的营养补充品，同时希望能够得到专业的推荐和解答。

根据销售情境和客户反应，灵活调整提问方式，才能达到最佳的销售效果。

第 3 节
怎么让老客户帮你介绍新客户

在销售领域，有一条广为人知的法则——250定律。这是由美国著名推销员乔·吉拉德（Joe Girardi）提出的，意思是每个顾客身后大约有250名潜在客户。赢得了一个顾客的好感，你很可能就打开了通往250个潜在客户的大门。因此，让老客户满意并乐于推荐，是销售员拓展新客户的重要途径。

那么，如何让老客户愿意为你介绍新客户呢？可以从两个方面着手。

1. 制定转介绍政策

制定明确、具体且吸引人的转介绍政策，是激发老客户推荐热情的关键。这样的政策不仅能激励老客户更积极地介绍新客户，还能深化他们的满意度和忠诚度，实现业务的持续拓展。以下是三种常见的转介绍政策，供大家参考。

（1）给产品或服务

让老客户和新客户都能免费体验到你的产品或服务，亲身体验一次或多次，感受其价值。这种方式对于需要体验才能做出购买决策的客户，尤为有效。

举例：一家健身房要销售私教课程。转介绍政策为：凡是推荐了新客户的老客户，能得到一次免费的私教课程；被推荐的新客户同时也能享受一次免费的私教课程。

该政策不仅能激励老客户积极推荐，还能让新客户通过免费课程体验，感受到教练的专业和服务质量，从而增加购买的可能性。

（2）给经济回报

给予老客户即时的经济回报，以激励他们带来更多新客户。这种方式适用于所有类型的产品或服务。金钱奖励的幅度可以根据成功转介绍的数量或新客户的消费额度进行调整，形成一个灵活而且有吸引力的奖励机制。

我们在给护肤品销售员上课时，给他们设计了如下的转介绍奖励计划方案，供您参考：

奖励梯度	转介绍新客户数量	奖励比例	备注
梯度一	1~2个	5%	推荐1~2个新客户并成功下单，老客户获得新客户消费额的5%作为现金奖励或积分
梯度二	3~5个	8%	推荐3~5个新客户并成功下单，老客户获得新客户消费额的8%作为现金奖励或积分
梯度三	6个及以上	10%	推荐6个及以上新客户并成功下单，老客户获得新客户消费额的10%作为现金奖励或积分

备注：积分可用于未来的消费抵扣，1积分等于1元人民币。

上述奖励方案不仅明确了不同梯度的奖励比例，还备注说明了积分的用法和价值。老客户能清晰计算自己的潜在收益，因此更有动力积极推荐新客户。

比如，老客户推荐一个新客户成功下单1000元的产品，老客户将获得50元现金奖励或50积分。推荐6个新客户各成功下单1000元的产品，则将获得600元的现金奖励或600积分，相当于免费获得一套600元的产品或享受高额折扣。

经济回报型的奖励机制，能直接激发老客户的推荐意愿。同时，因为新客户是老客户直接介绍和推荐的，他们对你的产品或服务已有了一定的信任基础，这样更能提升转化率。

（3）给荣誉

有些客户对金钱或产品等物质奖励不感兴趣，更看重社会荣誉，热衷于参与品牌活动，更期待品牌的专属认可，那么就可以定期邀请他们参加品牌活动、颁发荣誉证书等。这种方式有助于跟客户建立情感联系和深度合作关系。

比如，可以设立"产品体验官"奖项，每年或每季度评选一次，并在社交媒体或品牌活动中公开表彰获奖者，以增强他们的荣誉感和归属感。

值得注意的是，以上转介绍政策并不是孤立的，应根据实际情况结合使用。

同时，我们需要跟客户一对一沟通或通过朋友圈、公众号、客户手册等渠道，广泛地宣传这些政策，确保老客户能够轻松了解并乐于参与。

2. 抓住转介绍时机

在销售过程中，抓住转介绍的时机至关重要。正确的时间做正确的事，能大大提高成功率。想让老客户帮你转介绍，抓准以下四个时机很关键：

时机一：客户购买产品当天

购买当天是客户对你信任感最强的时刻。此时提出转介绍需求，往往能起到事半功倍的效果。你可以诚恳地向客户表达你的期望。我们推荐如下公式：

"购买当天"转介绍 = 感谢信任 + 识别客户 + 明确推荐 + 提供价值 + 降低压力 + 展示品牌

话术举例：

> 陈姐，感谢您对我的信任（感谢，增强客户信任感）
>
> 您身边的朋友、亲戚当中如果有像您家孩子一样，对编程有兴趣的（识别潜在客户）
>
> 您可以推荐给我（明确推荐行为）
>
> 我会为他提供一次免费的咨询服务（提供额外价值）
>
> 您也可以领取价值×××元的内部进阶版编程资料一份（老客户转介绍福利）
>
> 买不买不要紧（降低客户压力）
>
> 重要的是让他们了解我们的产品和服务（展示，提升品牌形象）

时机二：客户对产品或服务表达认可时

不管是回访时受到认可，还是客户主动来对产品或服务表达认可，这样的时机都必须抓住，大方地提出要求，请客户帮忙推荐。我们推荐如下公式：

"表达认可"转介绍＝感谢认可＋强调关系＋明确推荐＋消除顾虑＋承诺服务

话术举例：

陈姐，我听说这堂减脂私教课，您的体验不错。非常感谢您的认可（感谢，表达认可）

这几次交往下来，您也应该了解我的为人（强调关系）

如果您身边恰好有像您一样对生活品质有要求的客户，记得推荐给我呀（明确推荐行为）

买不买不要紧（消除顾虑）

我都会提供优质服务（承诺优质服务）

时机三：客户使用产品或服务一段时间，发生了改变时

在跟进客户使用情况的过程中，一旦发现他因为使用你的产品或服务产生改变，例如业绩提升、习惯改变、认知拓展……你可以大方地提需求。我们推荐如下公式：

"客户改变"转介绍＝指出问题＋强调结果＋展望未来＋明确需求＋引导推荐

话术举例:

> 张先生,当初您选择我们的健身计划时,提到因为长时间久坐,导致腰部和背部常常疼痛,体重也超标了不少。(指出问题)
>
> 经过这三个月的坚持,我们非常高兴看到您的腰部和背部疼痛问题得到了明显改善,体重也减轻了10斤。现在您的体态更好了,整个人看起来也更加健康有活力。(强调结果)
>
> 如果您可以坚持我们的健身计划,我们相信您的健康状况会越来越好,体能和耐力也会进一步提升,未来就可以挑战更高强度的训练。(展望未来)
>
> 我们现在有一个小小的请求,希望您能帮忙推荐我们的健身计划给您身边的朋友和同事,让他们也能体验到健康带来的好处。您可以简单地告诉他们我们的健身计划如何帮助了您,也可以直接把我们的联系方式分享给他们。(明确需求)
>
> 作为感谢,我们会为您提供*节免费的私人教练课程,帮助您在健身道路上取得更大的进步。(引导推荐)

时机四:转介绍成功,客户领取转介绍福利时

很多时候,老客户没有给我们转介绍,原因往往是:第一,销售员没有在合适的时机说出转介绍的要求;第二,只提了一次要求就不了了之;第三,只是提建议,没有直接要求介绍新客户。

要知道，老客户没有帮我们转介绍的义务，因此销售员必须善于抓住时机，不断提出转介绍要求，并根据客户的实际情况和反馈灵活调整话术内容。

客户领取转介绍福利时，我们推荐如下公式：

"领取福利"转介绍 = 贺喜 + 感谢 + 展望

话术举例：

> 陈姐，恭喜呀，又拿到一笔转介绍奖金，当之无愧的推荐女王（贺喜）
>
> 谢谢你给我介绍了那么多姐妹，让她们有机会感受和体验到合适的好产品，也让我有机会用专业去服务和解决问题（感谢）
>
> 希望之后能继续合作，我们一起为更多有脱发困扰的姐妹带去改变（展望未来）

第 4 节
各行业线上拓客的方法

流量是有成本的，在流量越来越贵、获客成本越来越高的数字化时代，利用好互联网和社交媒体等在线平台，销售员可以降低成本，精准触达潜在客户群体。在本节中，我们将和大家分享通过"线上"拓客的方法。

1. 写评论

你可以在互联网平台的图文帖子、视频甚至直播间的评论区等地方写下评论，以"下钩子"的方式吸引潜在客户。不管是在自己发布的内容下，还是在其他博主发布的优质内容下，这个策略都适用。要注意的是，评论不能乱写，要结合自己产品的特点按客户画像去寻找（如何绘制客户画像，参见第 1 节）。

比如，销售一款针对初学者的编程课程，我们可以在知乎、B 站、抖音等平台写评论，以下是一份"下钩子"方案，供你参考。

序号	平台	内容类型	评论目标	评论内容
1	知乎	问题回答	零基础入门编程的初学者	我也是从零基础开始学编程的，选择了一门注重实战的课程后，感觉进步很快。老师还提供一对一辅导，非常有帮助。现在我已经能编写简单的程序了，如果你有兴趣，可以私信我交流学习经验哦
2	B站	编程入门教程视频	想通过编程提升职业竞争力的职场人士	这个教程真的很适合入门，讲解详细。如果你想更系统地学习并锻炼实战能力，我推荐尝试XX编程课程，它涵盖了很多实用的职场技能，我刚上了三节课，就能编写简单的程序了。如果你有兴趣，私信我分享给你
3	抖音	编程主播直播间	对编程感兴趣但缺乏实践经验的观众	主播分享的内容很有启发性！作为编程初学者，我发现通过参与实战项目能更快地掌握技能。我最近上的某课程就提供了这样的学习机会，边实战，边学习，边提升

写评论策略有两个要注意的方面：

第一，合规撰写评论。

可以采用提供资料或加入圈子的方式委婉地吸引目标客户。推荐一个使用效果很好的关键词**"感兴趣……整理……分享"**。

举例：假设，你找到关于编程初学者的短视频，就可以在评论区这样写：

我也对编程课程感兴趣，曾付了999元报名过这类课程。我还整理好了全部课程内容，如果有朋友感兴趣，可以私信我，分享给你，就当交个朋友。

值得注意的是，在评论区要避免直接推销产品或留联系方式（手机号或微信号都不允许），以免被封号。

第二，精准定位"鱼塘"。

"鱼塘"是指互联网中目标客户群体聚集的平台或者内容环境，就像现实中聚集了鱼群的鱼塘。

在互联网拓客，销售员可以通过写评论精准定位到这一"鱼群"。以下表格是我们平常使用的部分平台的特点、客户群体特征以及适合推广的产品或服务：

平台名称	主要特点	面向客户群体	适合推广的产品/服务
小红书	1.以女性用户为主，消费能力强 2.内容偏向时尚、美妆、旅行、生活等 3.社区氛围浓厚，用户互动频率高	1.年轻女性 2.对时尚、美妆、生活品质有追求的用户	1.美妆护肤品 2.时尚服饰 3.旅行产品 4.与生活方式相关的产品
抖音	1.短视频为主要内容形式，创意性强 2.用户群体广泛，覆盖各个年龄段 3.算法推荐精准，用户黏性高	1.年轻人 2.对新鲜事物感兴趣的用户 3.有购买决策需求的用户	1.快消品 2.电子产品 3.娱乐产品 4.旅游产品
快手	1.短视频内容多样，接地气 2.用户下沉市场占比较大 3.社交属性强，用户互动频繁	1.下沉市场用户 2.对生活、娱乐、购物有需求的用户	1.快消品 2.家居用品 3.地方特色产品 4.农产品

（续表）

平台名称	主要特点	面向客户群体	适合推广的产品/服务
知乎	1. 以问答和知识分享为主，专业性强 2. 用户群体偏向高学历、高收入 3. 内容质量高，信任度强	1. 知识分子 2. 对专业内容有需求的用户 3. 高收入人群	1. 教育培训 2. 专业服务 3. 高价值产品 4. 书籍出版物
B站	1. 以长视频和弹幕互动为主，社区氛围独特 2. 用户群体年轻，兴趣广泛 3. 内容涵盖动漫、游戏、影视、生活等多个领域	1. 年轻人 2. 对二次元、游戏、影视等感兴趣的用户 3. 学习成长型用户	1. 游戏产品 2. 动漫周边 3. 影视衍生品 4. 在线教育课程

请注意，以上表格内容仅供参考，实际操作时要根据市场变化和平台属性不断调整。在制定具体的营销策略时，建议结合最新的市场数据和平台动态进行分析。

我们选择上表中的小红书平台，来做一个具体的案例展示。

假如你是时尚服饰类产品销售员，目标群体是对时尚潮流有追求的年轻女性。在小红书上如何寻找客户？

首先，搜索与时尚服饰相关的关键词，如"秋季时尚穿搭""潮流女装推荐"等。

其次，筛选搜索结果，得到与时尚潮流服饰相关的热门帖子，选择点赞和收藏1000以上，主要展示穿搭效果或分享购物心得的帖子。

最后，从众多帖子里再做一次精挑，挑选与你的产品风格、定位相符合的。例如你的产品主打简约，那么，就挑出"简约风格穿搭"的帖子，然后在评论区写下真实的评论。

评论内容："你的穿搭真好看，简约而不失时尚。我最近也在尝试类似风格的服饰，看看这套，是不是差不多？大家看看怎么样？"同时附上自己的穿搭图片，增加评论的可信度和吸引力，也能通过穿搭照片展示自己的产品。

如果有人对你的评论感兴趣并回复，你就可以进一步与他们进行交流，分享更多关于时尚潮流的心得和建议，为后续的产品推广打下基础。

2. 社群拓客

社群拓客即通过在社群互动或以分享的形式吸引潜在客户的一种线上拓客方法。通过加入与目标客户匹配的社群、成为社群活跃分子、积极组织或参与社群活动等，找到客户，建立关系，实现业务转化。具体操作如下：

寻找目标客户匹配的社群： 根据你的产品或服务的特点，寻找与你的目标客户画像匹配的社群。

例如，你是销售婴幼儿辅食的，如何寻找相关社群？

社群类型	寻找渠道	寻找方法
社交媒体群组	微信、微博等	1. 使用关键词搜索功能，如"母婴交流群""辅食分享群"等 2. 浏览相关话题或标签查找活跃的群组或讨论区 3. 通过已有联系人或好友推荐加入相关群组

（续表）

社群类型	寻找渠道	寻找方法
专业论坛和社区	宝宝树、妈妈网等	1. 注册并登录相关论坛或社区 2. 浏览与婴幼儿辅食相关的板块或话题 3. 发表和辅食制作有关的帖子或回复，积极参与讨论，吸引潜在客户关注
线下机构线上群组	早教机构、母婴店等	1. 访问相关机构官网或社交媒体平台，查找线上客户群或会员群入口 2. 咨询机构工作人员，了解是否有线上群组并请求加入 3. 参加机构举办的活动，与其他家长建立联系并互相推荐群组
合作伙伴或客户推荐	与您业务相关的合作伙伴或客户	1. 与合作伙伴或客户保持良好的沟通 2. 询问他们是否知道与您的目标客户群体匹配的社群，并请求推荐 3. 在合作过程中共同推广，互相介绍客户和资源

请注意，在加入任何群组或社区之前，务必先了解并遵守其规则和准则，以确保你的行为符合群组或社区的要求。同时，要选择业务不冲突的群组进行合作或推广，以避免与群内其他成员产生直接竞争。

成为社群活跃分子： 想要拓客，先要吸引客户的注意力。优秀的推销员会在社群中积极主动发言，在他人发言时捧场。给群主做助手、节日发红包也是有效提升好感度的动作。

还是以上述辅食产品销售为例，你在加入一个母婴店会员群后，要做些什么？

首先，可以每天制作辅食，发布精美的成品照片，或是不定时发布一些健康食材图，塑造专业形象。

其次，在发现有新成员加入时，主动欢迎；或者在群内有人提出跟孩子有关的问题时，积极回答。

> 陈璐有一个客户是做儿童保健医生的。在学习了拓客知识后，她很懂得在群里适时保持活跃。有一次，有群员问："孩子长牙发烧了怎么办？"该客户立刻根据自己的经验回复："孩子体温高吗？精神状态怎么样？如果体温不高，精神状态好，就可以先观察观察。牙齿彻底长出来了，也就退烧了，很多小宝贝都是这样。"

如果对群成员提出的问题不太有把握或没有相关经验，也可以在知乎、公众号等平台，根据关键词搜索，找到一些领域专家撰写的干货文章，转发分享给提问者。

不管是依经验回复，还是帮忙寻找专家文章，这些主动积极帮助他人的方式都能增强群友对你的好感度，进而引发潜在客户的注意。

最后，当群内其他成员分享育儿经验或辅食制作心得时，你可以给予积极反馈："这个做法真的很棒，我也想试试看！""你的经验分享对我们这些新手妈妈来说太有帮助了，谢谢！"

在时间允许的情况下，你还可以主动向群主提出帮忙管理社群的意愿。比如，帮助整理群内资料、发布重要通知、回答新成员的问题等。这样不仅能减轻群主的工作负担，还能让你更多地参与到社群活动中，有更多机会接触群员，提升你在群内的知名度。

组织或参加社群活动： 组织或参加一些线下活动是拉近与群友距离的有效手段。

我们继续以上述辅食群为例。小玲是一名婴幼儿辅食产品销售员，在得知社群要组织"辅食制作大赛"的消息后立即报名参与，并主动提出做服务员，协助组织工作。

当天，她提前到场，帮忙布置场地，准备食材和工具，最后活动顺利举行。在比赛过程中，小玲充分展示了自己的辅食制作技能，分享了不少实用的辅食制作技巧和心得。她还主动与其他参赛者交流，耐心倾听，营造出友好的比赛氛围。

除了参与比赛，小玲还积极为其他参赛者点赞、评论，提供支持和鼓励。她认真品尝每位参赛者的作品，给出中肯的评价和建议，让群友们感受到她的专业和热情。

在比赛结束后，小玲将自己的参赛作品和获奖情况分享到朋友圈和个人的社交媒体平台，吸引了更多妈妈关注和参与社群。群主很高兴，也为她介绍了不少潜在客户。

3. 朋友圈互推拓客

朋友圈互推拓客是成本较低且行之有效的拓客方法，对很多行业都有效。

写好一份自我介绍，找到一个与你微信人数差不多的好友，双方交换自我介绍，然后在朋友圈互相推荐。

互推后，能把对方微信上的朋友加到自己的通讯录，再通过比对客户画像、询问需求等方式，将其转化成自己的客户。

第一步，筛选互推对象。

人数匹配

彼此微信好友人数相当，差距区间在 300～500 人较为合适。例如你的好友数是 1000 人，对方的好友数在 800～1200 之间，就较匹配。

客群匹配

目标客户群体类似，你是销售女性洗护产品的，对方是销售女装的，目标客户群体都是女性，又没有直接利益冲突，就很合适。这样的互推就能实现共赢。

互动匹配

彼此朋友圈的活跃度相当。要知道，朋友圈作为销售员个人推广渠道之一，具有一定的黏性和口碑。若对方几乎不发朋友圈，圈内好友都没有什么互动与参与度，那就不适合互推。

那么，我们要怎么观察对方的朋友圈有没有互动和参与度？

首先，对方的朋友圈要有布局。也就是朋友圈内容要丰富，要有自己的工作、生活、学习等多方面内容。其次，要有思想。不能简单粗暴地只发广告，也不能只转发帖子或链接，毫无自己的观点与见解，没有思想文字。

第二步，准备自我介绍。

自我介绍一般包括五个元素：

推荐人与你的关系，你的身份标签，你的专业成绩，讲明加你的微信可以得到的福利，你的微信二维码和形象照。

例如，本书作者陈璐与黄胖紫的互推：

> 首先，人数匹配。陈璐朋友圈好友数是6500人，黄胖紫朋友圈好友数是6800人。
>
> 其次，客群匹配。陈璐主营业务是直播培训及护肤品，目标客户群体为有直播学习诉求、爱美的女性；黄胖紫主营业务是日用产品，目标客户群体为线上创业者，女性偏多，二者客群相似，又没有直接利益冲突。
>
> 最后，活跃度匹配。陈璐日常发圈8～10条/天，评论互动人次为2～4次/条；黄胖紫日常发圈8～10条/天，评论互动人次为2～4次/条。二者朋友圈的黏性与口碑相当。
>
> 在条件都符合的情况下，两个人达成朋友圈互推，互推的文案如下：
>
> 黄胖紫推荐陈璐
>
> 　　给大家推荐我的好朋友——陈璐老师（推荐人与你的关系）
>
> 　　她是一位个人IP直播教练/全职宝妈（你的身份标签）
>
> 　　2021年转型做知识IP，9个月时间创收过7位数，已帮助

1000多名普通人通过直播赚到钱,并找到自己的线上突围的机会(你的专业成绩)

如果你也正好想转型学习如何从0到1做直播,立刻扫图2二维码加她微信,前10名还能获得价值299元的逐字稿直播脚本,让你照着读就能开始做直播(加你微信,能得到的福利)

(陈璐微信二维码+形象照)

陈璐推荐黄胖紫

给大家推荐我的好朋友——黄胖紫老师(推荐人与你的关系)

他是一位有10年经验的自媒体创业人(你的身份标签)

全网收获了3000万以上的阅读/播放量,公私域累计变现破1000万元。从法语品牌主理人转型做了MCN主理人,孵化普通人做线上买手创业,已帮助普通人累计赚到150万元以上的纯利(你的专业成绩)

如果你正好想做线上创业,零投资还不伤人脉,立马扫图2二维码加他微信,前10名还能获得价值899元的新人陪跑营资格,由他亲自来带,跟着就能上手线上买手事业,学到互联网技能,还给自己赚钱(加你微信,能得到的福利)

(黄胖紫微信二维码+形象照)

互推的时间一般为保留三天后删除，也可以永久保留。

本次陈璐与黄胖紫互推的时间为三天，每天推广一次，发布第二条内容时会将前一条互推内容删除，避免给客户造成频繁发布相同内容的感觉。

互推后的成绩为：陈璐新增好友 30 人，黄胖紫新增好友 25 人。

之后，陈璐转化 3 人，黄胖紫转化 4 人。

朋友圈互推是一种有效的推广方式，但操作时需要注意频率和策略。一般建议间隔 1～2 天进行互推，每周互推 1～2 人为宜。这样的频率既保证了推广的连续性，又避免了给客户留下过于商业化的印象。当然，这些数字仅作为参考，实际操作时应根据互推的涨粉、转化等数据进行复盘，不断优化互推策略。为了维护良好的客户体验和信任关系，互推应当自然有序。因为互推的目的不仅是增加粉丝数量，更重要的是提高品牌曝光度和促进用户转化。在优化策略时，可以考虑分析用户行为数据、调整互推时间以及优化推荐语等具体方法。

以上拓客方案只是众多线上拓客方法中的三种，它们虽然具有广泛的适用性，但成功的关键在于如何结合自身行业特点和目标客户群体进行精准定位和有效互动。

对于销售员来说，要时刻提醒自己，线上拓客不仅仅是在各大平台上发布信息、留言或参与社群讨论那么简单。更重要的是，要深入了解目标客户的需求和痛点，提供真正有价值的内容和服务，建立长期稳定的信任关系。

第二章

公域打造，如何获取客户信任感

作为一名销售员，坚持做好公域打造，可以扩大我们的个人影响力，使我们销售的品牌在竞品中占据优势。美国著名销售员乔·吉拉德认为：在没有得到客户信任之前，不要谈业务。所以，公域打造的重点要围绕获取客户的信任感进行。

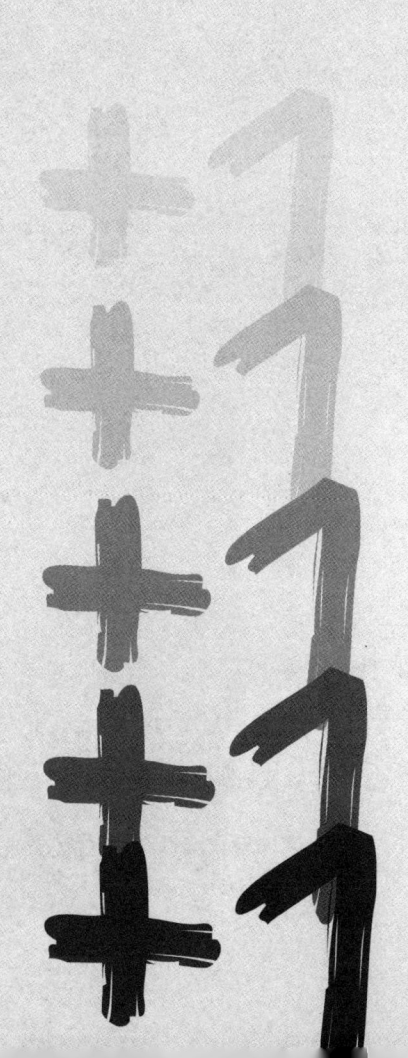

+

人人都可做自媒体的时代，我们要学会通过优质的内容去获取客户的信任，一味地夸自己、夸产品，这种自卖自夸式的营销方式已然行不通了。

第1节

我很厉害：有人设，但不要立人设

"人设"这个词相信大家并不陌生。它是指一个人给他人留下的整体印象。各行各业的普通人都可以有自己的人设，销售员也不例外。

拥有人设不等同于刻意立人设。真正厉害的人设是通过我们持续输出真实内容塑造出来的。若立下与自己真实特质不符合的人设，很容易失去客户的信任。国际著名课程"行动销售"认为，信任是关系的核心，也是与客户交往的前提与基础。

因此，我们需要通过公域持续输出能够获取客户信任的真实内容，这样做不仅可以减少过多的解释和沟通成本，还能够形成口碑传播。

那么，在公域分享什么样的内容能够建立使客户信任的人设呢？

解决难题和分享经历

举个例子，知名博主"老爸评测"分享个人故事的视频是这样说的：

> 我叫魏文峰，干了16年检测，从来没想过这种事儿会发生在我女儿身上。八年前，女儿上小学二年级，我意外发现她用的书皮有致癌物，而她用这种毒书皮已经两年多了。我又买了七款书皮，自费万元送检，结果全部有"毒"，我居然买不到一款安全的书皮。
>
> ……前前后后搞了四年，光自测就做了23000多次，终于研发出一台我们自己的甲醛仪。第一台甲醛仪寄出时，我在漂流日记本上写了一句话：心若简单，世界就是童话。
>
> ……这些年在外头跑来跑去，身体渐渐吃不消，总有疲态，我就经常穿西装，会显得更精神一些，这样我就感觉自己还能再多干一点，我不会倒下。我经常和女儿说，世上没有白走的路，一步一个脚印，每一步都作数。这八年有过消沉的时刻，有过不忿的情绪，被威胁过，无力过，也彷徨过，很庆幸有你们。

（1）事件起因

第一段文案平铺直叙地表达了作者从事目前事业的初衷。魏文峰创建检测公司的初心，是确保自己8岁的女儿使用无毒的书皮。

（2）自己的价值

第二段文案里，作者展示了自己的价值，重点突出了三个方面：具体做了什么，付出了什么，为别人带来了什么利益。他不仅自己花钱做检测，还付出了成本翻倍的代价，并且为全国许多家长带来了福利，让他们用上甲醛仪。

（3）艰难的情景

之后的文案突出了作者的坚持与努力，并表达了内心的真实感受。他描述了与国内仪器厂合作研发甲醛仪的过程以及经历的困难和挣扎。这部分内容很能提升好感，比起炫耀成功，人们更愿意为你在艰难境遇中勇敢迎接挑战而拍手叫好。

（4）挣扎的抉择

再后来，他真诚地讲述了他曾经的动摇和放弃的想法。这部分最能与用户产生共鸣。太过完美和高尚的人设显得不那么真实。分享自己内心的挣扎和抉择，使人们更容易信任他。

（5）不变的初心

最后的升华部分，作者表达了自己不变的初心，强调了持续努力和坚持不懈的重要性。等同于在告诉别人：我是一个靠谱的人。

这条短视频内容有两个金句：**心若简单，世界就是童话；世上没有白走的路，一步一个脚印，每一步都作数。**

金句的作用在于使内容得到更好的传播，方便记忆的同时能够给人带来力量感，调动大众的情绪。"老爸评测"以其亲民、良善、靠谱的人设深受广大网友的信任，很多粉丝都会购买他推荐的产品。

第 2 节
我的产品很厉害：不说"卖点"说"买点"

为什么你卖的产品很好，向客户不厌其烦地介绍了一遍又一遍，客户还是不买单？原因其实很简单，因为你没有讲到客户的心坎里。我们在跟客户谈单的时候，切忌自吹自擂，一个劲地说"卖点"，而不说"买点"。

那什么是卖点、什么是买点？两者之间有什么区别？如果用一句简单的话来概括，可以理解为：卖点是"产品思维"，买点是"用户思维"。

产品思维： 关注产品包装、成分、材质、制造工艺、资质、性能等方面。

用户思维： 站在用户的角度思考买这款产品有什么好处？能为我解决什么问题？

"人性定理"认为：任何一个人的任何行为都是为了服务于自己。因此，客户并不关心产品本身，而是关心产品能为自己带来什么利益。

举例来说，我们买衣服并不是为了买几块布料，而是为了穿在身上显得有气质、显高显瘦。女人购买护肤品也不是为了买一堆植物萃取精华，而是为了使皮肤看起来更加紧致饱满、白皙透亮，让别人夸一句"你的皮肤怎么这么好"。

当我们理解了"买点"的重要性后,接下来就要学会如何说"买点",以打动用户使其为我们的产品买单。

具体如何说买点?我们来拆解一条好物合集分享视频:

> 小红书博主喵哒_miaoda 的生活日常好物合集分享
>
> 近几年发现,随着年纪越来越大,我开始喜欢买一些品质好的东西。尤其是我们每天要用到的东西,可以买贵一些的。我想要用久一些,与此同时,品质好的东西用起来心里也觉得舒适、愉悦。今天在这里跟大家分享几个我生活中的高品质好物。
>
> ——它是基因棉的一种。和其他枕头的区别就是这里有个凹槽。把头放上去,贴合肩颈线条。躺上去的时候你会觉得有一双手在托着你的头,你的肩膀这边都被卡住了,非常舒服。
>
> ——天丝磨毛的四件套,我选的是灰色的。它结合了磨毛的温暖和天丝的亲肤。我之前买过那种上千元的埃及棉的、星级酒店的,都没它舒服。任何人摸到的一瞬间都会感叹,哇,好软啊。你盖着它就像是盖了一层锁温的薄绒,它会贴在你的皮肤上。
>
> ——这个看似很普通的马克杯,来自著名的景德镇。它的手柄比普通水杯更大,你的小拇指终于不会被挤着了。这

> 个杯子让我感慨，一个小小的细节居然能提升这么多生活幸福感。
>
> ——这个是喝红酒的杯子，来自山西一个专门做玻璃制品的品牌。山西的吹玻璃工艺世界闻名，非常厉害。这里的所有玻璃制品至今仍是靠人工吹的，包括这个高脚杯。不管喝什么酒，酒放在这个杯子里瞬间就高级起来了，完全不输那些知名的大牌。
>
> ——清甜的青梅酒，家里来朋友的话，哪怕他不爱喝酒，这一瓶也会爱上。

这条好物合集分享视频主要是通过以下四个层面来说产品买点的：

（1）说买家核心需求

视频开头的文案是"随着年纪越来越大，我开始喜欢买一些品质好的东西……"

这其实表明了对生活品质有追求、有消费力的中年女性对产品的核心需求。通过"年纪越来越大"这一表述，锁定中年群体，再用"高品质""耐用""使用感舒适"等关键词，直接契合追求高品质生活的中年女性的需求。

（2）说具体使用细节

在介绍马克杯时，重点呈现了把手设计的细节，特别强调了握把手时的舒适度。相比市面上常见的90度设计，这款马克杯侧45度的把手更符合人体工程学,握起来更加顺手。通过对比两款杯子,突出了主推产品的优势,让用户在细节中产生了购买的理由。

(3)说使用场景

介绍枕头时描述使用时的场景:"躺上去的时候你会觉得有一双手在托着你的头,你的肩膀这边都被卡住了,非常舒服。"

介绍床品时的表达则是:"任何人摸到的一瞬间都会感叹,哇,好软啊。你盖着它就像是盖了一层锁温的薄绒,它会贴在你的皮肤上。"

通过这样的描述,把用户带入了使用场景,使他们能够立即产生共鸣和向往之情。

(4)说买家利益点

介绍红酒杯是这样说的:"不管喝什么酒,酒放在这个杯子里瞬间就高级起来了。"

这样的表述强调了产品的卓越品质和使用体验,为用户带来了一种高品质生活的享受。

买家利益点:高级感

同理,在介绍珍珠耳环、项链时,你可以这样说:

> 这些耳环和项链啊,都是两三百元的价位,其实都不是什么大牌奢侈品。你看,它们的质感还是挺好的。即便是这么大

> 的珍珠，戴上也不会显得老气，相反，更显年轻时尚。别人看到可能会以为是什么高档品牌，其实你一说这是小众设计师品牌，能在不经意间透露出你的品位。

买家利益点：有品位、百搭、不贵

在介绍梅子酒时，你可以这样说：

> 这是正儿八经的百年国企酿酒厂酿出来的，采用的是真正的青梅肉。零酒精勾兑，零色素添加。

买家利益点：大厂出品，零酒精勾兑，零色素添加

每款产品提炼出的关键词都是站在买家角度考虑的利益点。

（5）结尾做引导转化

可以理解为给用户下购买指令。例如"每一个单看起来，你可能会觉得好贵，买回来试了以后会发现，哇，我怎么没有早买啊"。

说买点时需注意以下三点细节：

细节 1：一定要亲自演示产品，尽可能在不同时间或情境下使用产品，让消费者觉得你的分享真实可信。

细节 2：在讲产品的时候不要太啰唆，尽可能用简洁易懂的话让消费者一听就明白。

细节 3：在讲使用感受时，面部表情要丰富一些，这样会让人更有代入感。

第3节
我能帮到你：第一时间晒价值，给客户"种草"

"种草"这一网络流行语近年来频繁出现在各大社交媒体当中，即推荐某种事物给他人，使其感兴趣或喜欢，是一种被大众所推崇的新型营销方式。

我们先来看一条视频的全部文案内容：

> 已经卖了四百多万单的家用手套，它到底好用吗？咱们先看一段卖家秀，看，它用一个抽一个，老方便了，韧性也很好。你看，怎么用力扯都不会破。最关键呀，它还是食品级的，可以直接接触食物，就是吃虾剥螃蟹，也不容易破。来了，花钱的坑我来踩，免费的红心点一个吧。
>
> ……接下来呢，又到了我最喜欢的环节，先吃一份小龙虾，吃完后看这手套会不会破，会不会漏上油。小龙虾已经准备好了，再配个"快乐水"啊，现在就开整。哇，真没想到一月份

还能吃到小龙虾啊……哎呀,"铁子们",实在吃不动了,太辣了。来,你把纸拿过来,咱们现在就把手套脱了,看看手上有没有油啊。我大概买了两斤小龙虾,吃了一斤,哎,没有油啊!来看一下这个效果,大家觉得怎么样?

…………

现在咱们看看它的耐腐蚀性怎么样,这边是一部分碱性的清洁剂,这边是一部分酸性的清洁剂。咱们把碱性的倒在这边。好,接下来这边倒酸性的。咱们把两副手套放进去啊,这个是咱们刚才吃小龙虾用过的哦。现在是两点五十四,十一月十五号,咱们等到明天这个时候看看泡过二十四小时之后,它会是什么样一个状态。

好,现在已经过去二十五个小时了,咱们看一下什么情况。这个是碱性的,咱们拿清水涮一下;这个是酸性的,来镜头拉近看一下,没有什么变化。好,咱们继续看一下,手套泡了酸碱清洁剂后会不会烂?没有问题,这只也没问题。大家觉得这个手套怎么样呢?这五根手指前面还设置了防滑颗粒,咱们现在试试戴上它后能不能触摸手机?哎哟,这个效果还不错!

咱们已经测完了,效果大家都看到了,不管是柔韧性还是结实程度,以及它的耐用性、抗腐蚀性,都是效果不错的。

这双手套经过我多方面的测试,我觉得值得推荐给大家。

> 产品的资质已经放在视频下方了，马上要过年了，少不了大扫除。一副好的手套，保护我们的双手是有必要的，性价比不错，功能性也OK，为这副手套点赞。

这条家务手套"种草"视频的推荐思路主要分为四个步骤：

（1）提出疑问

视频开头的第一句话"已经卖了四百多万单的家用手套，它到底好用吗？"用提出疑问的方式来引发用户的好奇，勾起用户继续往下看的欲望，同时也给了第二步一个正当的理由。（引发好奇）

（2）放商家宣传视频

这一步其实是在为接下来的"种草"做铺垫，先让用户对产品有个大致的了解。整条视频都是围绕产品的优势做呈现。（展现优势）

（3）进行产品实测

在视频里，创作者通过用手套吊起两桶五升的矿泉水、戴着手套吃完一斤小龙虾、用手套装满水，以及用酸碱清洁用品做抗腐蚀性测试，分别展示了手套的柔韧性、结实度、耐用性和抗腐蚀性。

这样做的目的是打消客户的购买顾虑，因为柔韧性、结实度、耐用性和抗腐蚀性是用户购买家务手套最在意的几个方面，也是视频内容最关键的部分。（打消顾虑）

（4）引导转化

视频文案的最后一段都是在引导用户购买的转化动作，并且在视频下方添加了产品的权威检测报告，进一步佐证产品的功效性和安全性。

引导话术："马上要过年了，少不了大扫除。一副好的手套，保护我们的双手是有必要的，性价比不错，功能性也OK。"（下购买指令）

拍"种草"视频要注意的三个细节：

细节1：在对产品的每一项性能做演示时，要采用一镜到底的拍摄方式，增加内容的真实性和说服力。

细节2：在非重点环节可以倍速，例如：拍摄吃一斤小龙虾的环节，消费者没有耐心看你吃完一斤小龙虾，示意即可。

细节3：在重要环节加弹幕，这相当于老师在上课时敲黑板的动作。

第三章

私域打造，给客户一个主动来找你的理由

在当今的互联网时代，运营私域几乎是每个创业者和品牌实现第二阶段增长的关键方式之一。有些品牌甚至将私域作为主要策略来实现增长，例如名创优品、百果园、迪卡侬等知名品牌。

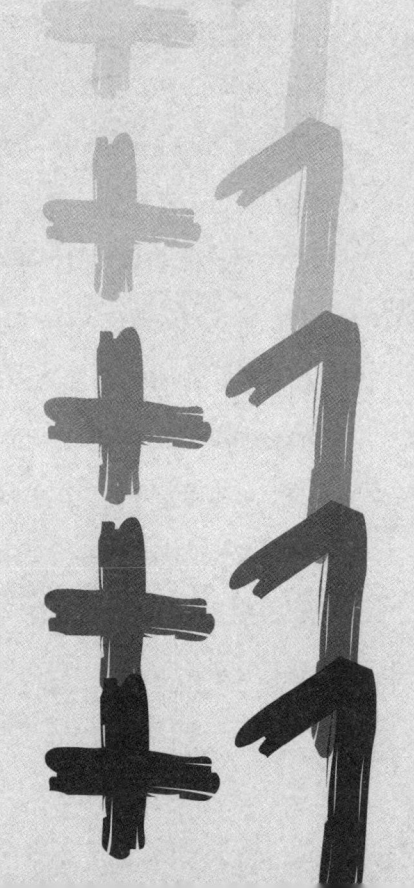

那何为私域？2022年4月，腾讯官方直属的腾讯智慧零售对私域是这样描述的：公域相对应的则是"私域"，它是指品牌直接拥有、可重复、低成本甚至免费触达用户的场域。

由此可见，运营私域有很多好处：离用户更近、节约营销成本、提高转化率、实现客户裂变（产生转介绍）等。

私域新手可能会误认为"加上微信、拉个群"就是运营私域。实质上，"如何维护长期而忠诚的客户关系"才是运营私域的核心。我们需要善用各种工具来达到这一目标。

私域工具主要以腾讯生态体系为基础，包含个人微信、企业微信、微信朋友圈、微信社群、微信视频号、微信公众号、微信小程序等。

对于私域新手而言，用好私域"三件套"，即微信私聊、微信朋友圈和微信社群，就可以实现"低成本高转化"的目标。其中，打造朋友圈是这三件套中较为核心和重要的一环。通过朋友圈，你可以更全面地展示自己，创造长期的品牌价值；吸引并留住你的客户；直接或间接地促成交易；而且，高质量的朋友圈还能让客户主动来找你。

接下来的内容将围绕"高质量高转化"的朋友圈运营法进行介绍。

第1节
"秀肌肉"：好产品是推销出来的

在私域运营中，有两种常见的销售新人类型：一种是不好意思在朋友圈展示自己和产品的，另一种是经常在朋友圈刷屏广告的。

对于前一种类型的人来说，需要清楚地认识到，几乎所有知名品牌或产品都是通过广告、营销手段让大众认识并熟悉的。好产品都是需要推销的。在私域运营中，朋友圈几乎可以说是最佳的低成本推销方式，因此这类人需要在朋友圈多发声，展示自己和产品。

而对于后一种类型的人来说，需要意识到，在朋友圈纯刷广告很容易让人反感，会被屏蔽甚至直接拉黑，这样就无法达到推销产品的目的。美国著名销售员乔·吉拉德在《怎样成交每一单》中还指出：不要急于销售产品，关键在于推销自己。尽管对自家产品有信心很重要，但我们必须认识到，好产品的定义实际上是"好产品"+"好自己"。只有恰当地展示好产品和自己，才能让你成为客户喜欢、愿意信任的人，让你的朋友圈成为客户喜欢刷的朋友圈，最终才能成功推销产品。那么，具体应该怎么做才好呢？

1. 展示产品

（1）场景化痛点

场景化即通过描绘具体的使用场景来引发消费者的共鸣。痛点一般指消费者正在面对但尚未解决的问题，或最关心的问题、最迫切的需求。将这两者结合起来，可以让消费者更快地代入场景，更容易让他们认为自己是需要这个产品的，从而增加他们对产品的兴趣。

销售文案开头场景化至关重要，因为它决定了能否在第一时间吸引消费者的关注。

以蓝莓原浆为例：

> ✗ 不建议的开头写法：
> 一袋入口，眼睛不干涩，减轻疲劳

这样的写法只描述了产品的使用方式和效果，无法第一时间引发消费者的共鸣。这样一来，消费者可能会默认与自己无关，很容易直接滑走。

> ✓ 建议的开头写法：
> 你是不是上班8小时都在看手机和电脑，眼睛干涩得不行，每10分钟就忍不住揉一次……

这样的写法把客户目标锁定为"长时间使用手机和电脑的人群"，把场景具象化了，又描述了这类人群在这样的场景下可能会面临的问题（即痛点）。通过运用"场景化痛点"，让这类人群能够瞬间代入到真实的情景中，让消费者感觉"说的就是我"，从而产生"想要解决这个问题"的想法，因此愿意继续了解产品。

以兰花油为例：

> ✗ 不建议的写法：
> 以油养肤，修护屏障，用它就好

这样的写法过于说教，缺乏具体的场景代入，很难让那些对"以油养肤"没有认知的客户认为自己需要油类产品。

此案例非常具有借鉴意义，很多专业性产品的文案都有这个通病，即默认所有客户都懂得某些特定的知识或者技术。

> ✓ 建议的开头写法：
> 每天用补水面膜，脸还是干到不行？外油内干大沙漠？其实是你的皮肤屏障在提醒你……

根据市场数据，敏感肌肤的人群正在增加。许多人试图通过多次敷面膜来解决"缺水"问题，尝试一段时间后发现效果并不明显。这是消费者痛点。此类写法的优势在于，明确指出了消费者真正在做的事情（即场景化），同时结合了痛点，使消费者第一时间感受到这个问题与自己息息相关，从而激发需求。当你在后续提供护肤科普知识或分享正确的护肤方法时，这种写法更容易被客户接受。

（2）写买点

写卖点一般是从产品本身的价值出发，难以引起消费者的共鸣，而写买点是从消费者购买后想达到的效果出发，更容易让消费者觉得和自己息息相关。

如 OPPO 经典文案：

> 充电 5 分钟，通话 2 小时

此文案明确写了做某一个动作能达到什么样的具体效果，系典型的买点写法。

假设产品为某课程：

> 可以写：每天学习 10 分钟，练就完美发音

同理，以上述蓝莓原浆为例：

> 可以写：每天喝 1 袋，不再 10 分钟揉 1 次眼睛

上面两个案例，能让消费者明确感知到"我只要花很少的时间就能练

好发音""我只要每天喝1袋,在不麻烦的情况下,就可以解决经常揉眼睛这个大麻烦"。消费者能明确感知到产品能帮助自己解决什么问题时(尤其是很容易解决时),就会产生"那我想要试试"的想法。

假如你的产品为新一代手机:

> ✗ 不建议的写法:主板升级为5.0,摄像头夜拍升级

此写法单一呈现了技术上的升级,没写升级带来的效果,因此无法让消费者第一时间感知到"升级后能给我带来什么"。"5.0主板"对消费者来说是抽象的,很难迅速打动他们。

> ✓ 建议的写法:主板升级5.0,让你的工作效率提高3倍;摄像头夜拍升级,把夜晚的你拍得更美

此写法不但写了技术升级,还写了升级能给消费者带来的帮助——"工作效率提高3倍"。"拍得更美",能让消费者的感知更具象,为好的"买点"写法。

(3)信任背书

信任背书的作用是第一时间消除消费者的顾虑。通常可以从专家背书、研发实力、专利技术、客户数据、榜单、明星代言等维度展示。

以某益生菌产品为例:

> 可写为：……每一株菌均源于全球益生菌专家……拥有100+项临床研究和500+文献支撑

此写法提供了成分的专业背书，以及硬性的研发数据和文献支撑，这些客观信息能够大大提高消费者对产品的信任度。

（4）立马下单

给消费者理由为什么要立马下单。通常可以从限时优惠、限时上新、发售限量、涨价等维度入手。

以兰花油为例：

> 可写为：新品推广期间，买一送一，实际到手两瓶，总共120ml，明天14：00下架

此写法结合了三个维度，促单感很强。首先，明确指出了此刻正值推广期，让消费者觉得活动可能随时结束；其次，提供了买一送一的具体促销方案，让消费者感觉"赚到了"；最后，给出了下架时间，进一步增强了紧迫感，让消费者担心错过优惠，从而缩短决策时间。

如产品即将售罄：

> 可写为：3小时已卖出13000份，只剩97份了

此写法结合了两个维度，首先指出了产品短时间内的高销量，让消费者感觉到该产品的热销程度和受欢迎程度，产生了一种紧迫感。接着提到剩余数量，能让紧迫感叠加，从而促使消费者更快地下单。

小贴士：所剩数量为非整数和单数时，给人的紧迫感更强。

如产品限量：

> 可写为：新品只首发 100 份，已卖出 97 份，仅剩最后 3 份

此写法除了结合上文两个维度（卖出数量+所剩数量），还用到了"限额"的维度，增加了稀缺感，能让消费者有三种紧迫感叠加，使消费者犹豫的时间变短。

如产品即将涨价：

> 可写为：特惠价最后 1 天，结束后即将涨价 10%

此写法结合了两个维度，限定时间 + 即将涨价。同样能让消费者有双重紧张感，更明确感知到"这是最后 1 天，不参加就亏了，下次要涨这么多"。如果涨价金额确定，则可写出明确金额，如"结束后即将涨价 800 元"，或"即将从 2000 元涨至 3600 元"。

（5）不断出单

朋友圈晒出单犹如线下门店排队，能够直观地展示销售的火热程度，

激发潜在消费者的从众心理，进而刺激他们下单购买。建议在出单文案中采用以下公式："xx下单+1" + "用户画像" + "下单原因"。推荐连续发布出单内容，营造出产品大卖的火热氛围。同时，建议根据不同的用户画像和痛点来写出单内容，以覆盖更多的人群。

以蓝莓原浆为例：

蓝莓原浆下单+1

互联网大厂朋友

每天12小时都在电脑前，每2小时就想滴一次护眼液，眼睛干涩到不行，护眼实在是太重要了。

这样写的好处有两点：第一，朋友圈排版上更直观，能让消费者快速、清晰地看到信息——"有人下单"和"什么人下单了"。第二，描述了下单人的情况（背景）、下单动机或原因，能让同类型客户代入，从而刺激其需求。

2. 展示自己

（1）做好基础三件套

基础三件套即微信头像、朋友圈头图、个性签名。

头像要点：建议使用真人照片，这样可以提高信任度。不推荐过于职业化的照片，可以是影楼专业拍摄的，但需要体现时尚感、松弛感。或用露出全脸的生活照、旅游照（人大、景小、能看清脸）等。

头图要点：建议用第三人视角照片，如你参加活动、学习时他人给你拍摄的照片；你作为分享者在台上分享时被拍的照片；你在漂亮风景、打卡点被拍的照片。

个性签名要点：作用在于让人快速知道你是谁。如黄胖紫的个性签名为：

> 胖紫大福 MCN 主理人
>
> 公私域变现破千万
>
> 循梦而行，向阳而生

建议第一行作为你的主标签，如"胖紫大福 MCN 主理人""自媒体 S 级操作手""15 年护肤品配方师"。

第二行展示你的成绩，如"公私域变现破千万""年流水过亿""参与 xx 研发 xx 项"。

第三行是你的座右铭，如"循梦而行，向阳而生""人生不该被定义"。

打造好基础三件套后，需要穿插以下维度发布朋友圈，使你的个人品牌更立体、更讨喜，拥有更高的转化率。

（2）提供价值

提供价值分为提供功能价值和情绪价值。提供功能价值即提供知识型内容。如：

护肤行业：发布护肤科普知识、护肤避坑指南、护肤智商税等。

造型工作室：发布色彩搭配、穿搭建议、流行趋势等。

英语老师：发布每日一词和例句、学习方法等。

提供情绪价值，即发布让人产生积极、美好、愉悦情绪的内容。如：

美图、积极向上的文字、正能量的故事、搞笑的段子或视频等。

（3）展现价值观

价值观即你对各类事物的看法、态度。如看完某部电影后的感想，对某热点事件的看法，对身边一件事情的态度，对商业的认知，对行业现状的点评，等等。发布价值观内容能让客户感受到你是个怎样的人，让同频的客户对你更认可，更快地产生信任。

（4）展现生活和状态

生活类朋友圈必不可少，它们可以有效减轻商业气息，让客户觉得你是身边的一位朋友，迅速拉近距离。注意，尽可能多露全脸，让客户看到鲜活的真人。

人们总是向往美好的生活，因此需要多展现美好的生活状态，让客户对你的生活产生向往，从而更愿意主动关注你、靠近你，这和我们会关注某个或某些公域博主的逻辑是一样的。

（5）表达感恩

在朋友圈时常表达感恩能增强好感，让客户感受到你是个善良的人，从而更容易信任你。可时常表达对客户、对朋友、对家人、对亲戚、对同事、对上司等的好感。

第 2 节
晒案例：买家秀要这样晒

1. 平时注重收集客户案例

销售员在利用案例作为钩子之前，需要先确保有足够的案例可供晒出。因此，收集案例信息是非常重要的，可以按照以下步骤进行：

案例背景： 记录产品使用者的年龄、面临的困境或问题，以及他们希望改善的诉求等信息。这些背景信息可以让其他客户对比并发现与自己的相似之处，从而增加他们对解决方案的兴趣。

突出成果： 强调案例取得的成果，可以是治疗或改善的见效时间、用户的反馈意见、使用产品前后的对比数据等。这些成果信息能够直观地展示案例的成功之处，提升其他用户对产品效果的信任度。

独特之处： 如果案例有独特之处或者采用了特别成功的策略，务必详细记录。这些独特之处是证明你所提供的产品或服务与众不同的关键，可以帮助突出产品的优势和价值。

考拉是一家皮肤管理实体店的店主，日常销售护肤品。经常在朋友圈、抖音等渠道推广，但主动来问询的不多。后来，她使用了晒案例的方式，将案例信息，即客户年龄、购买缘由（晒伤、刮伤、过敏等问题）、沟通记录、产品使用前后对比图、使用时间等发布在朋友圈内。主动咨询的用户开始增加，甚至有客户直接转款购买，门店业绩迅速提升。

收集的案例多了以后，还可以根据用户症状、年龄、指导步骤等梳理成册，作为虚拟产品赠送，吸引更多用户。

2. 创造案例

销售员刚开始销售产品时，没有现成的客户案例，又想要通过晒案例获客，怎么办？可以创造案例。这里说的创造，不是造假，而是通过换位思考的方式，把自己当客户，通过提问、挑战等方式创造案例，吸引用户关注。

> 例子1：陈璐刚开始做知识付费时，没有学员也没有客户认可，她就以自己为例，在朋友圈以及直播间分享了她为什么要转型、转型时面对的困境、思考、复盘等。她持续不断地分享了近60天，吸引了不少用户，他们主动表示想要跟她学习。陈璐基于这些需求，开发出了直播课程，并成功招募到了学员。随后，她能够滚动开班，成为一名成功的直播教练。

> 例子2：黄胖紫孵化的素人买手店主们都是新人且没有客户，他们想要销售兰花油。于是他们组织了兰花油打卡营，每天自己使用兰花油并打卡，分享使用感受和护肤知识，连续打卡28天。这相当于公开了他们的"验货过程"，快速吸引了朋友们的兴趣并赢得了信任，该单品一个月的业绩增长了25%。

很多销售减肥产品的销售员会公开自己减肥的过程，通过朋友圈或者小红书等平台展示打卡记录，当自己减肥成功时，就能顺便将减肥产品销售出去。同样，一些健身教练也是如此。

晒案例作为钩子，是销售中较为常见且非常有说服力的方法。

第3节
晒反馈：金杯银杯不如客户的口碑

丽思卡尔顿创始人在《像绅士淑女一样服务》中指出，口碑是最好的广告。由于客户一般不轻易相信销售员对自家产品的夸赞，因此朋友圈要常晒客户反馈，借用别人的口来夸赞自家产品。晒反馈不仅是晒客户的夸赞，还须从更多维度展示，增加可信度。

1. 晒变化

客户使用产品前后的变化。最好有时间线的描述和展示，使客户感受更具象，更有视觉冲击力。例如：

> 客户坚持喝了一个月蓝莓原浆后，眼睛不那么干涩了，已经两周没有再用眼药水了。
>
> 这位客户坚持用了60天兰花油，之前的过敏现象有了非常大的改善，说明皮肤屏障在逐渐修复。（附上两个时间点的对比照片）

以上两个案例从客户角度明确描述了使用时间和达到的效果，能侧面佐证产品的功效，提高客户的购买信心，同时也让客户看到了多久能达到什么效果，有衡量标准。

客户状态的变化。例如，客户加入某项目一个月后，更自信了；客户使用某产品后，心情更好了。具体案例参考：

> 小李上个月一号加入了胖紫大福MCN的买手孵化计划，跟着运营了一个月。她说：除了真的赚到了钱，更重要的是学习和掌握了更多的私域运营技能。同时还认识了好些新朋友，不再每天只面对孩子和家事，也得到了朋友的认可，感觉自己开始实现自我价值了。
>
> 王姐因为工作经常熬夜，皮肤一直很暗沉。坚持用了60天××产品后，皮肤呈现出那种自然的透亮。她说，别人见她都夸她皮肤变好了，人更美了，感觉每天上班的心情都比以前好了很多。

以上两个案例明确写出了使用状态的变化，能让潜在客户感受到"原来用了产品后，不但能解决客观问题，还能有更多收获"，会更愿意主动咨询或购买产品。

2. 晒售前

客户通常无法预知如何被服务，因此晒出自己专业服务其他客户的过程，能够让客户建立信心并选择找你咨询。建议展示详细关心客户情况的聊天截图，展现你专业知识的聊天截图等。例如：

> **护肤品销售员建议展示内容**：询问客户肤质，确认客户皮肤状况，确认客户目前使用的护肤品搭配是否科学，确认客户对某成分或某护肤知识是否有认知，为客户科普适合的护肤知识等。
>
> **营养品销售员建议展示内容**：询问客户身体情况，了解客户想解决什么问题，目前在使用哪些产品，使用的效果如何，是否坚持使用，等等。

按照这种思路展示服务过程，可以让潜在客户直观了解你询问的细节，以及你根据对方情况给出的个性化建议和方案，间接让客户知道你是一个认真负责的销售员，从而更放心地找你咨询。

3. 晒售后

一个产品完全没有售后，可信度反而不高，适当晒出一些售后反馈，会有奇效。重点是晒出你如何处理售后，以及最后是如何让客户满意的，从而让潜在客户看到你处理问题的态度和能力。这样会让潜在客户认为在你这里可以放心购买。注意，过程尽量具体、明确，让客户感受到真实。例如：

> 王姐相信我的推荐买了一瓶兰花油，结果发现其中一瓶的吸管碎了，今天反馈了。感恩王姐的信任，在我这里买的，我必须为你们兜底呀！于是我马上联系了售后部门，没想到正好没有多余的可以补发了。我找了找，自己家里还有一瓶，提出给王姐换我的没开封的。她很满意，表示就冲我这个态度，东西好用就继续找我复购。谢谢大度的王姐！

此写法开头大方表明了问题，增加了真实性，客户会觉得销售员很实诚，从而留下靠谱的印象。表明了处理售后的态度——"会兜底"，意味着从该销售员处买东西出问题了不会没人管。接着讲述了为解决此问题具体做了哪些工作，能让潜在客户直观地看到如果出了问题会如何被服务，可提前打消顾虑。最后，转述了客户的态度——"会继续复购"，使潜在客户对该销售员进一步产生信任。

4. 晒缺点

任何产品都不会 100 分，偶尔晒一些客户提到的无伤大雅的缺点，能使销售员显得更真实，从而更快获得客户的信任。例如：

> 我家王姐来反馈防晒产品啦！她说防晒力度够大，没有晒伤或晒黑，而且质地轻薄好推开，完全不影响后续上妆。就是觉得这个设计可能有点不那么好看，哈哈哈。我们会加油改进的！

此写法先讲述了客户反馈的优点，首先肯定了产品功能靠谱或能解决问题，再引出外观设计有小缺点，让反馈显得更真实，最后还大方表明了改进态度。通常客户心知肚明没有完美的产品，但会更愿意选择一个乐于不断提升自己的品牌或销售员。

5. 晒亲朋好友

还可以晒亲朋好友的看法和态度。有一类消费者喜欢听别人的建议再做决策。晒其他客户的亲朋好友能让这类客户代入，让客户从纠结的状态中跳出来，或推动客户行动起来去问建议。如：

> 小李在买我们这套沙发前确实挺纠结的，因为他自己特别喜欢，但是担心家人说超出预算。后来他去问了家人的想法，没想到家人挺支持他的，最后还是买回去了。家人去小李家参观时，发现风格确实特别搭，而且坐着很舒服，对小李一顿夸，说他很会选东西。

此案例开头表明该客户的纠结，与潜在客户共情，第一时间让潜在客户卸下防备。再度表明该客户特别喜欢，加强潜在客户的需求感。随后讲明家人的态度和情况，能激发此类潜在客户与亲朋好友沟通的意愿。最后给出亲朋好友正面的评价和态度，能让这类消费者更有信心去询问亲朋好友的建议，或自己直接做决策。

用好上述方法打造朋友圈，就可以让客户愿意看、喜欢看，甚至主动找你咨询。

除此之外，打造朋友圈还需注意一个要点——排版。

朋友圈点进去密密麻麻的不在少数，这样会降低客户刷圈的欲望。朋友圈主要呈现形式为"图文"，注重排版能使客户更乐意翻看历史朋友圈，增加阅读率，从而更了解你。

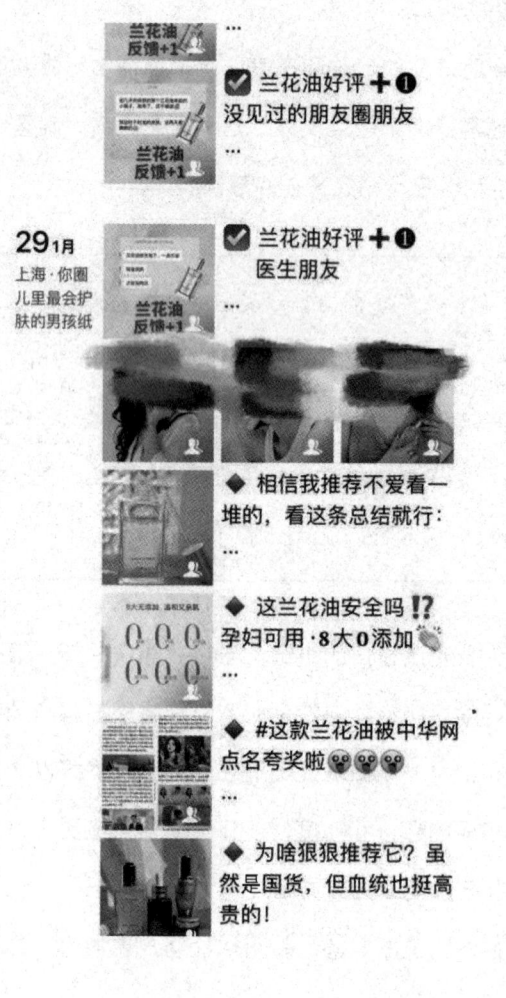

如图所示，重点单品的种草建议连续发圈。如第一条是硬广产品介绍，第二条是科普，第三条是科普，第四条是产品用户反馈。这样做的好处是朋友圈留存后，它们是一个整体，用户翻看历史朋友圈能被全面种草。

应尽量避免"乱发"，如：发一条价值观，接着发一条产品，再发一条个人生活，最后发一条其他的，这样就会显得比较杂乱，降低客户的阅读欲望。

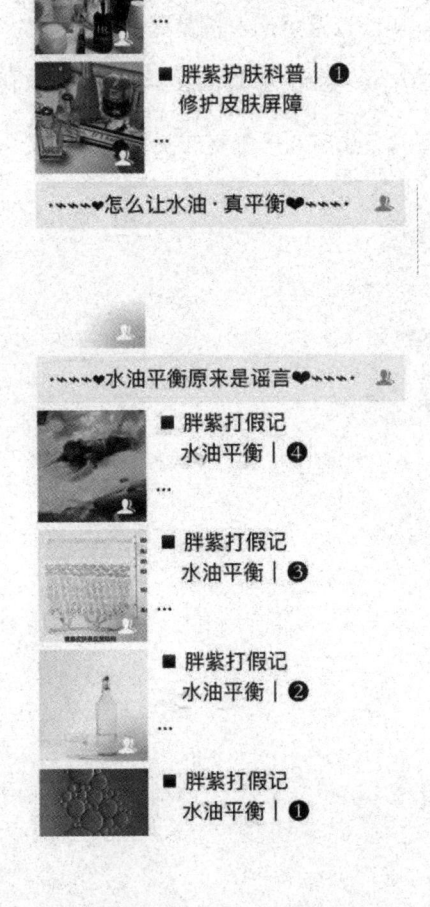

如果朋友圈的类别较多，建议在发布的内容之间插入一幅空白图，以增加美观度。假如当天你要推广三个重点单品，第一个重点单品你发了四条朋友圈，则第五条朋友圈发一张空白图，第六条朋友圈再开始发第两个重点单品，达到更有重点、更易读、更美观的效果。

随着自媒体的飞速发展，客户的注意力变得更分散，朋友圈的内容有时会被折叠。为了应对这种情况，需要配合私聊和社群运营进行多触点营销。私聊和社群运营同样可使用上述方法和逻辑进行沟通和成交。

总而言之，精心打造好朋友圈就是打造好你的个人品牌阵地，是私域运营中极其重要的第一步，能提高客户主动找你的概率。同时，后续配合私聊和社群运营时，也有利于提高成交率。

第四章

快速破冰：跟任何人都聊得来

销售新手常犯的错误是直接推销产品，这容易让客户产生抵触心理。尤其在线上销售时，过于急功近利的做法可能导致被拉黑。因此，销售的首要任务是破冰，所谓破冰就是第一时间解除客户的防备心，让他们愿意和你说话、聊天。这样，我们才能按自己的节奏引导，最终促成交易。

破冰包括两个方面：快速找到人和快速与人建立连接，优秀的销售员往往同时具备这两方面的能力。

快速找到人，是指在市场中能迅速定位到潜在客户。这需要销售员具备敏锐的市场洞察力、良好的客户分析能力，能从大量陌生人中快速识别出具有潜力的目标客户。销售员通过一些合适的切入点，让客户感觉一见如故，就可以高效开展销售活动，提高成交的机会。

快速与人建立连接，是指销售员与陌生人快速建立起联系和互动。这需要销售员具备良好的人际沟通和社交技巧，得到客户信任。有些销售员天生"自来熟"，很容易与新结识的人打成一片，使其放下戒心。有些人则天性较为拘谨，相互熟悉起来的时间就会慢一些。

如果你是这类"慢热型"销售员，要如何做才能快速破冰，与人轻松交谈呢？

第 1 节
主动出击，找到让客户愿意回应的话题

成功的销售员不会一上来就推销产品，而是先寻求建立信任和了解客户的需求。

很多销售员喜欢自说自话，换来的结果就是客户要么不说话，要么只回复"嗯""哦""好的"。这种情况下的交流往往是无效的。为了真正了解客户的需求，建立良好的沟通关系至关重要，而找到有效的话题就成为至关重要的一步。

那么，何谓有效话题？有效的话题应该满足两个条件：首先，话题要能够引起客户的兴趣，激发客户的参与；其次，话题应该能够让销售员获得一些关键信息，例如客户的消费过往、消费水平、常用品牌等。

有效话题应该能引导客户跟你唠上家常，甚至能让你知道一些私人情况。客户跟你互动越多，能获取的信息越多，就越有利于判断对方的情况，你们的情感连接越深，客户也会越信任你，从而更好地促进成交。

给大家提供三个方法：

1. 做一个有趣的自我介绍

分享一个公式:**自我介绍 = 个人特点 + 价值观 + 专业 + 感恩（ + 照 片 ）**。比如:

> 您好，我姓黄，有点胖，特别喜欢紫色，可以叫我黄胖紫。我是个做事从来不马虎的人。处女座，一直喜欢尽善尽美。做了14年房产中介。希望您需要的时候能够第一时间想起我，我会把您当好朋友一样看待和重视。

个性、有趣的开头可以第一时间吸引客户；表明价值观是为了快速建立信任；展示专业能让信任叠加；真诚地表达感谢，则会给人留下好印象。如果是在线上做销售，则建议附上照片。

注意：不建议放精修职业照，而是放第三人视角的旅游照、生活照，笑得阳光灿烂的更佳。

职业照虽然能让人感觉到你的专业，但也会带来疏离感。而具有个人风格的照片，能瞬间拉近距离，让彼此"一见如故"。

2. 为客户主动提供价值

销售员在一线能掌握很多行业趋势，比如：

美容业的销售，可以给客户科普"以油养肤"是现在的趋势，也是更科学正确的护肤理念；而服装行业的销售，可以给客户科普当季流行穿搭、配色等。

除了聊行业趋势，也可以就客户的问题给出解决方案。

还是以美容业和服装行业为例。美容业的销售可以告诉客户"如何护理能让皮肤变得更紧致""如果皮肤敏感可以用什么方法，能让皮肤屏障得到修护"。

而服装行业的销售可以给客户一套"如何进行服装搭配能让自己更显瘦"的方案，指出一些常见的搭配逻辑错误。同时，在给出解决方案前，还可以多聊聊其他客户的故事。

> 例如："某客户以前的穿搭风格是怎样的，做对了什么，现在变得更时尚了。""某客户是梨形身材，一直以为搭配某种类型的裤子更显高显瘦，从不敢穿裙子，运用了我的搭配方案后，学会了穿搭裙子，身材比例也显得很好。"

值得注意的是，在讲述之前客户的故事案例时，首先要取得该案例客户的授权，二是要在讲述中注意保护案例客户的隐私。

3. 从微信朋友圈切入话题

有些人喜欢开放朋友圈，有些人的朋友圈"仅三天可见"。如果是后者，我们看不到朋友圈，可以从微信头像或微信头图来切入话题。假设客户的

微信头像是一张真人的旅游照或头图是一张集体合影,我们可以这样聊:

> "你的头像好有气场,看起来特别专业,这是个什么主题的分享呀?"
>
> "你的头像拍得好有氛围感啊,这地方也漂亮,哪里拍的呀?"
>
> "我看你头图有好多人在河边用餐,好有氛围感啊,这是在哪里呀?"

如果客户的微信头像不是真人,只是一张风景照或卡通图,我们可以这样聊:

> "您头图的画看起来很有艺术感,是哪位画家画的呀?"
>
> "你头像这个'毛孩子'笑得好可爱,是不是照着××网红狗狗来做的卡通图?"

如果遇到喜欢开放朋友圈的客户,销售要先学会区分两种情况。第一种是喜欢自己撰写朋友圈,在朋友圈发"小作文"的客户;第二种是只喜欢转发,没有个人观点输出的客户。

我们先来说第一种。针对这类客户,我们首先应关注文字内容中的"个人生活、价值观表达",推测对方的喜好与习惯,然后做话题切入。比如,客户喜欢晒咖啡厅打卡照片,并撰写在咖啡厅里的感受,你可以主动询问"咖啡厅在哪里，咖啡是否好喝，以及客户喜欢的咖啡品种"等。如果客户的朋友圈中发过汽车照，你就可以说自己最近也在看车，询问型号、开车体验等。

接着说第二种，对方朋友圈里没有个人言论，只有转发，那么转发的内容一般都为对方的兴趣点。如客户转发得比较多的是萌宠类的短视频，你就可以先在朋友圈里评论，夸夸动物很可爱。当产生互动后，可以找一些同类视频，发给该客户，继续在微信聊天中进行互动。

> 我昨天看到了这只狗狗，就想到了你之前发的视频，真是超级可爱呀，萌化了！

还有一种特殊的客户，朋友圈里发很多内容，但大多是自己的产品。这个时候可以退为进，扮演客户角色先咨询对方的产品，产生首次互动。

第 2 节

持续畅聊，跟客户处成闺密

1. 搜索关键词，跟客户更有得聊

朋友圈有一项功能，是可以通过关键字去搜索某一个人的朋友圈，销售员利用好这一点，能更快速了解客户。以下是我们通过实践后，行之有效的关键词。

建议关键词"生日"。可以搜索到目标客户的生日，从而知道对方的星座，甚至有可能在他的朋友圈里看到其家人或好友的生日。你可以记下日期，到时间就去送祝福，也可以和客户聊一聊星座。

建议关键词"旅游"。可以夸赞客户的照片，也可以使用"请教法"，即"我记得你是不是去过云南？我最近也要去，有没有什么必打卡的地方推荐呀？"客户大概率能感觉到自己被重视，之前的事情还被人记得，从而对你产生好感。

建议关键词"护肤""衣服"。聊效果、肤感、香味、服装材质或搭配等，同样也可用"请教法"，让对方给你科普、种草、做推荐，从而了解对方使用的品牌与消费水平。

此处提供的仅是三个常用关键词，销售员可以根据自己的行业属性、客户画像等拓展关键词。

2. 赠送礼物，提升好感

在有了几次互动、双方都较熟悉的情况下，可以给客户送礼。礼物不一定要贵重，用心更能打动客户。比如，正值夏天，客户小李要去爬山，销售员知道小李怕热，在她出发前给她寄了一个可随风携带的小风扇。又如，销售员得知客户小刘要去看某位明星的演唱会，提前给她定制好荧光棒、文化衫等有纪念意义且客户又能用得上的东西。注意：不要送反季礼物，如夏天给客户送棉拖。

送礼需要根据预算、利润来选择，尽量不要亏本，建立控制在利润的5%～10%。如果销售员有把握对方是能复购且带来更多利润的优质客户，可适当地"下血本"。

3. 给予仪式感，深入互动

仪式感通常能使人感觉愉悦，刺激大脑释放多巴胺。当我们无法当面送出祝福的时候，可以在微信上用"发红包"的方式来制造仪式感。黄胖紫曾经偶然刷到客户的朋友圈，看到当天是客户妈妈的生日。他无法当面送祝福，于是就用红包营造出仪式感。方法为：每个字一个红包。

发完红包后，要记得立刻与客户开启话题，加强更深入的互动，可以聊：

> "妈妈高寿啦？"
>
> "你们在哪家吃的呀？好吃的话，我也带我妈去！"
>
> "你们每年都这样一起过吗？"

这个方法不限于生日祝福，任何节日祝福都适用。

本节的方法不仅对线上客户有效，对于无法经常见面的线下客户，销售员同样可以用本节的方法在线上维护长期的客户关系。

第3节
用讲故事的方式聊天，增强信任感

美国心理学家罗杰斯认为："人类生来并不能很好地理解逻辑，但是能很好地理解故事。"对于销售员而言，所讲的故事不需要像电影般宏大，情节也不需要特别复杂，主要目的是用故事的形式**把想法更好地装进客户的脑袋**，从而影响客户的决策以便成交。

1. 讲客户想听的

销售员在讲故事的过程中，应时刻关注客户的反应。如果是在线下，要时刻观察客户的表情，和客户保持目光接触，让客户感受到真诚。如果是在线上，则要注意客户的回复是否积极，判断所讲内容是否偏离客户兴趣。

2. 时刻和客户互动

切忌讲"单口相声"，要学会向客户提问。比方说，讲到产品设计理念时，可以问客户："不知道您对这个设计怎么看？""您喜欢这类设计吗？"

如讲到产品专业知识，应当关注客户是否理解："您看这个成分我讲明白了吗？"

在互动的过程，使用连接词可以引导客户的注意力，因为连接词带来的转折效果可以勾起客户产生听下去的兴趣。比如下例，就使用了"……的时候""以前""但是""所以""用了后的第一天"。

> 王姐看到这个成分构成的时候，被8：2的水油配比吸引了，她说从来没见过这种类型的产品，觉得很好奇。以前，她一直很怕用油类的产品，觉得涂在脸上会很厚重，不好吸收。但是，她现在脸确实比较干，又想试试油类的产品，所以还是抱着怀疑的心态决定试试。
>
> 用后的第一天，她就自己跑过来跟我说："绝了！没想到吸收这么快！完全改变了我对油的看法！"

3. 注重讲述故事的结果

在讲故事时，销售员应注重故事的结果，也就是销售员帮助客户解决了什么问题，以及解决问题后客户的感受和评价。继续以之前的例子为例，销售员给其他客户讲王姐使用了一个月后的结果：

> 我又跟进了王姐用了一个月后的反馈，她说之前脸上完全没有光泽，很暗沉的状态。用了一个星期后，她感觉有一点变化了，我让她留了照片。你看，这个是一个星期前后的对比。

然后，她看到一点效果了嘛，就继续坚持用了。用了一个月后，她很惊喜，说发现眼角的干纹也淡了一点，高兴得不得了！还说要给我推荐朋友。

需要注意的是，销售员不应将同一个故事用于所有客户，而应根据不同客户的痛点提前准备不同的故事。我们还是以王姐的案例来展开说：

客户担心安全，可以这样说：

王姐开始也很担心安全，后来自己在网络上搜索，做了功课，发现这个成分确实是安全的。您看看这份资料，是权威的杂志×××刊登的论文，里面就明确了这个成分的安全性。

通过出示资料甚至学术报告，来打消客户的顾虑。

客户怀疑产品的有效性，可以这样说：

王姐一开始也有一样的担忧，我的建议是她可以做一份使用记录，使用后每五天做一次记录。做了一个周期后，再拿出第一次的记录，王姐自己就发现有效果了。

除了话术外，同时你还可以向客户提供相关的聊天记录截图、使用前后的对比图片，来增强真实性。

客户觉得预算不足，可以这样说：

> 王姐开始也觉得贵，我经过了解，得知她之前也使用过很多同类型的产品，虽然便宜，但走了很多弯路。相当于在脸上做"实验"，时间成本很高，加起来花的钱其实比现在的还要多，最关键的是没有效果。王姐尝试后，发现我家的产品真的有用，是值得的。

客户担心能否坚持使用，可以这样说：

> 王姐一开始也没能坚持，后来我通过询问，发现她是因为某个具体的原因（如香味不喜欢、肤质不好、使用步骤麻烦等），咱们的产品没有这种情况。王姐当时也是半信半疑，开始尝试后发现确实如此，就坚持下来了。

4. 如何利用朋友圈讲故事

在朋友圈讲故事，就是通过所发布的内容吸引目标客户。你可以就大多数客户感到疑惑，但又没来找你咨询的问题给出答案，也可以建立 IP 持续曝光，弱化卖货营销感，让客户像在看故事，潜移默化地接受并信任你。

一般来说，可以讲两类故事：一类是客户使用的分享故事，另一类是销售员的个人故事或公司品牌故事。

在朋友圈讲故事有两个策略：连续剧法、集中痛点法。

（1）连续剧法

连续剧的特点是有多集，并且按固定频率更新，比如，可以发布"XXX 的 100 天减肥日记""XXX 的 100 天护肤变化"。

还有一种连续剧的形式是，单独讲述与同一个客户之间发生的故事，可以分 3～5 集，发 3～5 条朋友圈。在发布的时候，为了让故事更有系列感，可以先起一个连续剧形式的标题，并标明序号，如①②③等：

> 标题：拒绝我三次的客户来下单了①
> 标题：拒绝我三次的客户来下单了②
> 标题：拒绝我三次的客户来下单了③

在切分每段故事时，可以按照连续剧的方式，在转折点结束。例如，可以像下文这样结束：

例 1：《我和 100 个客户的故事》

> ....
> 就这样，她拒绝了我的第一次推荐。我也在想，还要不要再继续跟进她？

例2：《我在人间做销售》(这是销售员的个人故事)

> 我本来找的是跟大学专业相关的工作，没想到朋友推荐我到了这个行业，一做就是10年，万万没想到……

通过以上两个例子可以看出，每条朋友圈在最精彩的转折处结束，可以吸引客户继续关注。

（2）集中痛点法

一条朋友圈最好只谈论一个痛点，让客户的注意力集中。而且最好在一周内集中发布同一个痛点的内容，多次重复，以提高成交率。

举例来说，销售员小王想在朋友圈卖音响，他可以整周都只发布与"音质"相关的话题，比如音质对比、音质科普等，并且在展示买家秀客户的故事时也只展示与音质相关的内容。接下来的一周，再集中展示与附加功能相关的故事。

第五章

分类记录，按聊天参与度逐个击破

很多销售新手急于成交，潜意识里认为解答完客户的问题后，客户就应该买单。实际上，很多成交都是聊出来的，尤其是大客户。

通常来说，消费者的聊天参与度越高，越有利于成交。因此，销售员应该主动打开话匣子。在这个过程中，切忌单方面输出，应该掌握好节奏，随时保持和客户的互动，做到有来有回，让客户和你尽可能多聊。

客户聊得越多，你就越有机会了解客户的需求，为其提供更合适的产品或服务。在聊天的过程中，你需要展示你的专业、真诚和态度，快速建立客户对你的信任。你也可以用聊天的方式把客户案例、反馈以及其他有价值的信息传递给客户，像"软广"一样不知不觉地让客户吸收你的观点。同时，你通过讲故事，可以了解客户的担忧或顾虑，有明确的方向去打消其顾虑。持续的沟通还能直接让客户感受到被重视，从而对你产生好感。

在实际销售沟通过程中，我们不难发现，每个客户的聊天参与度都不同。面对这种情况，一些销售新手也许会不知如何下手。按客户的参与度分类，我们就可以轻松地采取不同的策略应对不同参与度的客户。

销售员需要认识到的是，大多数成交并不是第一次就直接完成的，一般都会产生多次沟通，因此，我们需要做好每次的沟通重点记录，方便后续有重点地跟进，提高工作效率和成交率。按参与度不高、参与度适中、参与度强烈三种类别进行分类，建立三个文档，每个客户建立一个独立的文档。客户文档应记录的关键信息为：痛点、消费习惯和水平、性格等。每沟通一次，都应及时更新信息。

那么，按上述分类方式分类后，我们如何有针对性地聊天呢？

第 1 节
参与度不高时：没能聊下去的客户不一定不买

根据美国销售员协会的研究，要想把潜在客户的成交率提高至 80%，至少需要进行四次优质的跟踪。

参与度不高的客户，通常可以分为两种情况：第一种是被销售员"聊死"的。这种通常是由于销售新手急于成交，字里行间都透着想要客户立马买单的意愿，或把客户逼得太紧。

无论是哪种原因，面对参与度不高甚至比较"冷漠"的客户，我们都不应该主观地判定他不会购买，而应该尝试不同方法多次跟进。针对此类客户，可以参考以下跟进方式。

1. "刺激"客户

销售高手更懂得利他式沟通，主动提供价值，愿意真正帮助客户。

当出现前期沟通过于功利导致客户未回复，或者客户只是单纯未回复信息时，可以尝试通过主动谈论客户关心甚至忧心的事情，以关心或提供帮助的方式来刺激客户回复。可切入的话题可以是：客户家人的身体情况、孩子的升学、公司人员的变动、房屋装修等。

如：

> 关心：我一直关注您的朋友圈，看您上周在医院陪父亲，您父亲目前情况怎样？
>
> 关心：您上次说家里在搞装修，电工的问题解决了吗？
>
> 提供帮助：上次咱们见面，您提到公司在找一个比较有经验的营销主管，您现在找到了吗？我也在帮您留意，有个朋友给我推荐了人，您看需要介绍你们认识吗？

2. 主动给方案

有时候客户不回信息可能确实是因为他们很忙或不喜欢闲聊。在这种情况下，可以直接提供产品或服务的解决方案，节约对方时间，同时引起对方注意。如：

> 刘总好，上周二咱们沟通了您的购车方案，您当时比较在意座位的舒适度，但可能预算又有些超出。我们最近有了一个新的定制方案，是可以做到在您的预算范围内，但舒适度也基本能满足您需求的，您看要不要了解一下？
>
> 李姐好，上次您本来想定那个修护套装，但又觉得产品种类太多了。您平时也忙，可能没时间搞那么多护肤流程，我给

> 您做了一个新的精简方案,五分钟就能搞定护肤。搭配方案我给您放在图片里了,您看看这个方案怎么样?

3. 直接问

有一类客户之前表明了不错的意向,但是突然联系不上或者不回复了,也可以切入之前的要点,提出问题。如:

> 刘总好,上次咱们沟通了您的购车方案,您说比较在意音响,我这边也给您调整了音响方案,还没得到您的答复,不知道您是不是最近太忙了没看到,还是您有什么别的顾虑呢?可以直接告诉我,我们有很多组合方式,我一定尽力满足。

注意直接发问前先缓冲一下,比如先问对方"是否因为太忙没看到消息",再问对方是否有什么顾虑,并告知有不同的解决方案,进一步增加回复率。

因为预算直接不回复的情况也很常见。如前面沟通中捕捉到客户确实在意预算的信号,可以根据情况直接提供预算更低的方案,看对方是否考虑,如:

> 刘总好,上次咱们沟通了您的购车方案,也给您报了价,不知道您是否太忙没看到呀?如果说这个预算稍微超出一些也没有关系的,我们这边还有这样一个配置,性价比比之前那个

> 方案高出 1~2 倍。我给您整理好放在图片里了，您可以看一下，您看看考虑这个方案吗？看完有什么问题可以随时找我。

4. 反问

销售员在介绍完产品后，有时会遇到客户回应冷淡的情况，比如简单回复"还行"等。在这种情况下，千万不要轻易放弃。尤其是客户之前已经花了较多时间和你沟通，大概率是对产品感兴趣的，只是还有些疑问或顾虑没有直说。此时，你可以抓住机会进行反问，进一步了解客户需求。如：

> 客户："还行。"
> 反问："其实我们这个兰花油除了您关注的修护，还有其他功效，您还想解决什么别的皮肤问题吗？"

这种提问方式表现出你对客户的真诚关注，显示出你关心他们想要解决的问题，客户有可能松口说出他们真实的担忧。

> 反问："谢谢肯定，您觉得哪里还不错呀？"

这种问法可以引导客户说出产品或服务的优点，强化客户的好印象。同时可以借机问客户是否还有其他顾虑，探出客户的真实想法。

5. 以退为进

如果你在销售过程中曾经试图达成交易但是没有成功,并且客户后来不回复了,那么建议采用这个方法。其核心逻辑为:不买没关系,我仍然愿意给你提供服务或帮忙解决问题。如:

> 李姐,上次给您推荐那个套餐不买也没有关系,主要我也不是为了这一单的成交,因为看到您有过敏的问题,我挺想帮您把脸弄好的。我做美容这块儿10年了,确实也有点经验,如果我们的产品您觉得不合适就不买,没事的,您不用有压力。重点是真心希望你能修护好皮肤。之后您遇到任何护肤上的问题,都可以随时找我。

开头先表明"不买没关系",这样可以较大程度地降低客户的防备心。接着,借机展示自己的专业性,让客户确信你有足够的经验和能力来帮助他们解决问题。随后,明确表示"您不用有压力",再次让客户放下戒心。最后再次强调初衷,让客户知道你愿意为他们提供真诚的服务。在结尾处给客户亮格局,即不仅限于产品问题,任何与你专业范围相关的疑问都可以向你咨询。这样做即使当下没有成交,也能给客户留下好感,增加客户的记忆点,让客户觉得你跟其他销售员不一样,增加客户以后主动找你的可能性。

6. 真诚"道歉"

销售新手常犯的一个错误是持续追成交，吓得客户不敢再回复，只好消失。用这个方法有可能以真诚打动客户，把交易挽救回来。如：

> 李姐，我想先跟您道个歉，实在是不好意思，昨天我了解完您的情况后，心里确实是觉得产品可以帮您解决问题，就太急于成交您这单了。我反思了一下，如果把我换成您，确实也挺尴尬的，很抱歉把您架在这个尴尬的位置上。希望李姐能给个机会让我再好好服务一次，以后我一定会把您的情况和需求放在第一位。

这种做法是首先直接道歉，然后坦承之前急于成交的行为，并站在客户的角度考虑，展现共情之心。接着表达未来的服务态度，有可能挽回那些被真诚打动的客户。

第 2 节
参与度适中时：有回应的客户要多花时间

一般来说，愿意适度回应的客户意向更大，成交可能性也更高。暂时没有成交，可能是对你或你的产品还不信任。以下是不同情景下可以使用的化解方法。

1. 适度闲聊

通常情况下，销售过程中不宜显得过于功利。在聊产品和服务的过程中，你完全可以适当地闲聊，如讨论喜欢的明星、城市、节目、热点事件或家庭等，让客户觉得你跟他有共鸣，建立好感度和信任度。

假设聊到抗衰方面的话题，你可以这样说：

> "说到这个，最近××那个剧不是特别火吗？你看了吗？"
> "看了呀，我觉得挺好看的！"
> "是呀，你喜欢哪个角色？"

如果有机会拉回主线，则可以稍微引导一下，如：

> ××状态老好了，完全看不出来已经50岁了！

2. 转移话题

这里的"转移话题"不是完全转移到另一个话题，而是找同一个问题的另一个点去沟通。完全转移话题很容易让客户认为销售员在逃避问题，从而产生更大的顾虑。

> 如聊到护肤抗衰问题，客户提到一个成分并没有被科学论证，即便客户说的不对，我们也不能第一时间直接否定他。你可以仍然就此成分的话题，换一个切入点去聊：对了，您了解世界上三大被认证的抗老成分有哪些吗？

这么做的好处在于销售员仍然在和客户聊抗老成分，但巧妙地把问题抛给了客户，同时又能在接下来的谈话中体现自己的专业性。

3. 给予重视

在与客户沟通时，及时回应并表现出全情投入是非常关键的。这种态度会让客户感受到你对他们的重视，被这种氛围以及你的状态感染，更愿意参与对话。对于客户所说的内容，你可以针对其中的具体点进行回应、肯定或赞美，以增加沟通的亲和力和有效性。

> "啊，原来还有这样的书，谢谢你的推荐，我一定买来看看。"
>
> "你说的这个观点我非常赞同，以油养肤真的是需要多科普的。"

试想，当你给出别人建议和帮助时，别人回答"我知道"，你还愿不愿意和对方继续交流？同理，销售员经常对客户的建议表示感谢和肯定，能让客户觉得自己为别人提供了价值，因为帮助了别人而开心，因此更愿意和你分享。

4. 晚些再聊

有时候会遇到尴尬的情况，实在聊不下去，那就接纳现状，不必勉强。可以考虑延迟对话，第二天或过几天再联系。在下次跟进时，不一定要接着之前的话题，可以选择另辟新话题。寻找新话题的方法可以参考第四章内容。

第3节

参与度强烈时：聊得火热的客户怎样促成购买

和客户聊得火热时，应该注意两点：

第一，控制聊天节奏。

畅销书《第一印象心理学》中提到，假如你在轮到自己发言时说话的内容超过了四句话，那么你就失去了与对方交流的活力，达不到互动。特别是初次见面时，保证语句简短能让人产生好感。对大多数人来说，投入的交流就是双方轮流说话时能取得平衡，彼此说话的时间相当。

因此，请注意当客户和你聊得火热时，不要一"上头"就自己一个人说个不停。你需要保持与客户的互动平衡，并让客户感受到你在认真听他说话。

第二，趁热打铁，快速导向成交。

1. 二选一

如客户购买意向还算明确，但存在一些犹豫时，可以尝试"二选一"

策略促成成交。例如，直接让客户在两种付款方式中选择一种，或在两个方案中选择一个。

> 您看微信方便还是支付宝方便？
>
> 您看拿两盒还是六盒呢？
>
> 您看这个Ａ套餐和Ｂ套餐要哪一个呢？我给你准备一下。

2. 要地址

情况同上，可以假定对方已经下单，直接问对方地址：

> 您把地址给我一下，我这就让仓库安排发货。

或假定对方有两处收货地址：

> 您看是发家里方便还是公司方便呀？

如对方为老客户，除了上述方法，也可以直接把地址给到客户，问：

> ××省××市××××，
> 还是这个地址吗？

3. 直接下指令

如客户购买意向已非常明确,不要拖节奏,直接下指令即可。比如直接要求转账,给链接下单,请对方确认细则后付款,等等。

> 您直接把钱用微信转我,我这就给您安排发货。
>
> 您可以确认一下这个方案,有一个兰花油,一个同系列的眼霜、面霜,还有一个精华水,一共×××元。如果没问题的话,您在这个链接下单就行。(附上链接)

上述方法适用于大多数情况,需要提醒的是,销售员不应将"客户参与度"视为客户是否会买单的唯一标准,应根据客户的类型适当调整策略。例如,如果意向客户是内向型,不喜沟通,则不必强求高参与度,而应适当保持距离。

第六章

以下这些成交信号，你一定要注意

在交易过程中，客户一般不会主动表达购买意愿，即便他们很感兴趣，也会隐藏自己的意图，以确保在购买过程中保持主动权。

古人云："凡音之起，由人心生也。"人的言谈能很好地反映其心理状态。通过细心观察和揣摩，销售员能在客户不自觉表露的态度中发现成交信号，加速成交，避免客户跑单。

例如：当客户询问一些产品的细节问题，当客户询问发货、售后问题，当客户表示要咨询亲朋好友，当客户讨价还价，等等。销售员要及时捕捉和识别这些信号，采取有效的话术积极回应，实现成交。

第1节
场景一：当客户问"你的×××是怎么样的？"

当客户说："你的XXX是怎么样的？"时，通常代表他们对产品产生了浓厚的兴趣，并且有较强的购买意愿。因为客户一般情况下，不会在不感兴趣或不打算购买的产品上浪费时间。

> **错误回应**："当然有效了！我们的×××是市面上销量最好的，回头客特别多。您放心用就行了！"

这个回应虽然强调了产品的热销和好评，但由于缺乏具体证据和针对性回应，客户可能会觉得这个回答太过笼统和空洞，不足以支持他们做出购买决策。同时，客户也会因为不知道如何回应你的说辞而选择转身离开，或者回复你"好的，我再看看"。

这种情况下，建议采用回应策略：**假设提问 + 成功案例 + 中立态度 + 诚挚邀请**。

举个例子，假设你是一个护肤品销售员，客户向你咨询一款美白精华时问："你的美白精华是怎么样的？"可以参考以下应对话术：

> 假设提问：我猜，您是不是想知道我们的美白精华用了有没有效果呀？
>
> 成功案例：刚好最近有一个皮肤有痘印、脸色偏黄偏暗、眼睛下面斑斑点点比较多的客户，用我们这款美白精华才四天，她的皮肤就变亮了，用了七天痘印开始变淡，到第十三天斑斑点点也明显减少了，您看这是她的使用前后对比图（附上对比照）。
>
> 中立态度：当然，每个人的肤质和变白速度可能不一样，有的人快一些，有的人慢一些。但我们的美白精华是有专利的，很安全，孕妇都可以用（可以附上一些产品资质证明图，或者证明安全性的客户反馈图，或者照片）。
>
> 诚挚邀请：您可以放心使用，只要坚持，白起来只是时间问题。

接下来是一个关于汽车销售的案例。假如客户问："你们家的 SUV 怎么样？"可以参考以下话术：

> 假设提问：您是想了解我们这款 SUV 的性能表现吗？
>
> 成功案例：我最近有一位客户，也是家庭成员较多，他购

买了我们的这款 SUV，他说他特别喜欢这辆车的空间设计和舒适性。他经常带着家人出行，包括长途旅行，这款车宽敞的空间和舒适的座椅也让他的家人感到非常满意。

中立态度：当然，每个人对车辆的需求和感受可能有所不同。虽然这位客户对车辆的舒适性给出了好评，但是每个人的需求不同，看重的地方也不一样。

诚挚邀请：您可以来我们的展厅亲自试驾一下，感受一下这款 SUV 的驾驶感受。我们也可以为您提供更多关于这款车的信息，帮助您选择最适合您的车型和配置。

作为销售员，特别是新手销售员，在回应客户的购买信号时，要先通过假设提问明确客户的需求，再分享其他客户的成功案例来直接回答客户关于产品效果的疑问，增强客户的购买信心。接着表达中立态度，这在销售过程中是非常重要的。销售员需要诚实地告知客户产品的可能效果和个体差异，避免过度承诺或夸大其词，提前规避售后问题，为与客户的长期合作关系奠定基础。同时，如果有资质、反馈等证明的话，可以做同步展示，以印证不同客户使用后的效果。在客户表达疑惑时，提供一些解决方案或建议也很重要。例如，可以告知客户正确的使用方法、注意事项等。最后，诚挚地邀请客户购买、体验。这样的回应方式可信度高，说服力也更强。

第 2 节

场景二：当客户说"什么时候发货？"

当客户询问"什么时候发货？"时，通常意味着他们已经对产品产生了明确购买意向，希望了解具体的发货和物流信息来进一步确认购买决策。这时，销售员应该立刻结束其他话题，给予客户明确和及时的回应，以消除他们的疑虑并促成购买。

错误回应：下单后 24 ~ 48 小时内发货。

尽管这种回应清晰地回答了客户的问题，但如果客户对到货时间有特殊要求，这样的回应很可能导致客户直接拒绝购买。

这种情况下，建议采用回应策略：**确认需求 + 物流信息 + 增值服务介绍 + 假定成交**。

确认需求：先明确客户提这个问题的诉求，满足客户对时效的需求。例如：

> 我们的产品通常是在付款后的24～48小时内发货,如果您有特殊要求,可以提前和我说,我来安排。

物流信息: 提供有关快递公司和预计到达时间的信息,以增加客户的信心。例如:

> 我们默认使用××快递,通常情况下,您在付款后的3～5个工作日内就能收到货物。当然,具体的到货时间还会受到快递公司和地区因素的影响。

还可以强调公司对客户体验的重视。例如:

> 我们与多家快递公司合作,确保您的订单能够安全、快速地送达。同时,我们的客服团队也会在整个物流过程中为您提供实时更新和必要的支持。

增值服务介绍: 如果有任何增值服务或特殊保障,现在是提及它们的好时机。例如:

> 购买我们的产品,还会向您提供一些超值服务,比如14天美白课程,让您清楚知道自己的皮肤状态,更懂自己的皮肤,以后买护肤品不踩坑。

假定成交：采用假定成交的策略，引导客户完成购买。例如：

> 今天12点前下单，我还能协调仓库按照您选择的快递公司及时发出，确保您春节前能收到货。

为避免新手销售员回应时出错，也可以参考一些同行的购物提醒，提前将发货和售后的有关信息整理成图片或者标准话术，在与客户的沟通中发现信号就有可能快速成交。

总之，当客户说"什么时候发货"时，以上回应公式既能解决客户的问题，又能明确客户需求，还可以带给客户一种严谨、流程化、系统化的感觉，让客户觉得我们是值得信赖的。

第3节
场景三：当客户说"我问问老公/朋友的意见"

当客户说"我问问老公/朋友的意见"时，其实就是"缴械投降"的一种信号。这通常意味着客户已经对你的产品或服务产生了一定兴趣，但可能仍存在一些疑惑或不确定因素，需要第三方的意见来做出购买决策。

当然，这也是一个非常容易"翻车"的场景。因为我们常常会遇到的情况是，当客户说"我问问老公/朋友的意见"，问完就没有下文了。因此在这种情况下，销售员应该善于抓住信号，采取适当的回应策略，以便继续引导客户完成购买。

错误回应方式包括：

对第三方持有负面态度。这会让客户感到销售员在贬低对他而言重要的人，引起不满。例如：

> ✗ 他又不懂这个，也不了解你的需求，你还是自己决定吧。

急于促成交易。这会让客户感觉被强迫、有压力，不被尊重，产生反感。

例如：

> ✗ 这又不贵，你自己决定就好了！
> 别犹豫，现在就买吧，错过就没了。

不提供任何支持或帮助。这会让客户觉得销售员并不关心和关注他们的购买决策，放弃成交。例如：

> ✗ 好的，你问完再告诉我。
> 随便你，反正决定权在你。

这种情况下，建议采用的回应策略是：理解顾虑 + 提供帮助 + 引导购买。

理解顾虑： 表达对客户顾虑的理解，让客户感受到被尊重和关注。

例如：

> 💻 我理解您，毕竟给孩子买保险也是家庭的一项重要开支。

提供帮助： 明确决策人，帮助客户更好地与第三方沟通并做出决策。

例如：

> 您老公有没有提出对孩子的保险有什么具体要求？比如保障额度、预算、项目等，您说出来，我好为您推荐一些条件相当的保险产品，方便您回去与他沟通。

引导购买： 引导客户在完成与第三方的沟通后回来购买，也方便销售员持续跟进。例如：

> 您看这个福利只剩下三天了，您抓紧和您老公商量，商量好了，随时联系我，我好帮您申请福利。

或者：

> 这样，您看哪天方便，我跟您再电话确定一下。万一有新的问题，也方便我及时帮您解答。

购买一些大额产品时，大部分家庭都会比较谨慎，甚至需要查阅各方面的资料，征求意见后才能做出决策。销售员需要搞清楚谁才是购买决策者，这样能大大提高销售的效率和成功率，即便客户不具备购买决策权，也要给予充分尊重和重视，因为他的意见很可能会影响实际决策者的购买决定。所以，识别到客户这个信号时，不要放弃，要有和客户做拉锯战的准备。

第4节

场景四：当客户说"这个还能再便宜点吗？"

当客户说"这个还能再便宜点吗？"时，通常表明他们对产品或服务已有购买意愿，只是希望进一步确认是否获得了最优惠的价格或者寻求更高的价值感。这时，销售员的回应尤为关键，不仅关乎交易的成败，更是与客户建立长期的信任关系的契机。

1. 回应策略一：明确展示优惠政策

在客户咨询完产品并提及价格时，销售员可以直接展示所有可用的优惠政策，如限时折扣、数量折扣或会员优惠券等，以便客户根据政策做出相应的购买决策。例如，刘媛在卖护肤品时，她会告诉对方"鱼子酱一盒198元、6盒888元、30盒3300元"。直接给对方不同的产品价格区间，引导对方选择"多买多优惠"。

也可以参考某咖啡店的话术。去某咖啡店结账时，服务员会说："先生/女士，我们店有个优惠，您只要办理会员卡，这一杯咖啡可以免单哦。"

于是，在"免单"的诱惑下，你办理了一张价值108元的会员卡。当然，这不仅仅是一张普通的会员卡，它还有许多让你"占便宜"的权益，比如"买一赠一"券。背后的原理是，几乎没有人会自己一个人买两杯咖啡喝，大多数情况下我们会和同伴一起去，这样咖啡店就吸引到了新客户。

当客户想要获得福利时，你要让客户占一次便宜，然后想办法赚他的钱。所以，当客户释放想要便宜的信号时，你可以用"免费、赠品、打折、满减"等优惠促销手段让客户有占便宜的感觉。

采取这种回应方式还有两个好处，一方面可以规避讨价还价，节约双方的时间；另一方面可以让客户明确销售员的价格底线，不用担心产品购买后被动降价，产生"上当感"。

2. 回应策略二：巧妙运用承诺法

还有这样一类客户，即便你明确展示了优惠政策，客户也已经选择了商品，但在下单时，他仍然会忍不住问一句："能不能再便宜点？""再送我个×××吧"。如果你不同意，他可能会变得犹豫不决，或者直接告诉你："你这个价格太贵了""不是很急用""我再考虑考虑吧！"

他们真的觉得价格贵吗？并不是。这类客户想要的不是便宜，而是感觉自己占了便宜。

针对这种情况，销售员可以运用承诺法，在明确自己价格底线的情况下，给予客户一定的砍价空间，让客户享受砍价的快感。

举个例子，在市场上购买衣服时，经常会遇到这样的情况：客户看中了一件衣服，经过一轮讨价还价，销售员没同意，客户就会"威胁"销售员说:"69元我就拿走,否则我就不要了。"这时,销售员就会表现出一副特别为难的样子,壮士断腕般地回复说:"行吧!我今天还没开张,你是第一单,讨个彩头。"或者是,"这价格真是亏本的,看你第一次来我这儿,我做个回头客生意,你下次要记得多带小姐妹来买哦,但不能说你是这个价格从我这儿买的啊"。又或者是,"好吧,商场马上要关门了,我就做个关门生意,不赚钱卖给你"。最后,客户沾沾自喜地以为自己低价买到了心仪的衣服,感到非常开心。

在销售中,当遇到客户一而再、再而三地要福利时,可以给赠品以及要求转介绍:

> 这个价格我卖不了,成本都不够。这样,你今天下单,我可以送你一个×××,仅限今天12点前下单才有,同时你要记得帮我推荐客户啊,不然我要亏本的。

还可以要求增加数量:

> 我也想给你再优惠点,但这个价格已经是最便宜的了。不过,如果你今天能买三件的话,我看看可以再给你优惠一些。

也可以在客户接近你的底价时运用承诺法,例如:

> 你等我找领导给你申请一下试试,但是你要告诉我,申请到了,你就下单,不然你看……

通过给予承诺，给客户面子，让他们保持主动权，感觉自己占了便宜，自然就会下单购买。

需要注意的是，在面对喜欢砍价的客户时，销售员不应立即答应砍价要求，而是应稍作拉扯。如果过于爽快地答应客户的砍价要求，客户可能会觉得自己的砍价幅度不够大而感到吃亏。即使最终购买了商品，他们也可能因为自己没有占到足够的便宜而感到不满。因此，销售员需要让客户感觉自己是在"忍痛割爱"，真的已经达到了底线价格，只是出于维护回头客的考虑才不得不做出让步。这样一来，客户在心理上才会感到满足，并对销售员心存感激。

综上所述，当客户询问"这个还能再便宜点吗？"时，销售员可以根据实际情况选择使用"明确展示优惠政策"或"巧妙运用承诺法"等回应策略，与客户进行有效沟通并促成交易。

以上提到的四种成交信号，销售员一定要有敏感度。每次看到就要抓住，不要不以为然，继续在那儿闲聊"自嗨"。越到快要成交的阶段，越应保持冷静。一旦发现客户出现购买信号，要学会闭嘴，设法引导客户进入成交环节，直接与客户谈判并促成成交。甚至可以直接问客户："那您看，是微信支付还是支付宝？"

第七章

不同场景下如何有效逼单

逼单是市场营销学中的一个术语。逼单不是强迫客户买单,而是指引导那些有购买意向但犹豫不决的客户在尽可能短的时间内做出购买决策。

在生意谈判的过程中，我们经常会遇到以下几种情况：

客户咨询产品价格，当你满怀欣喜地报完价后，客户回复一句"这个价格太贵了"。

你诚意十足地报出产品底价，客户依然讨价还价，说"你再给我便宜点"。

客户问了一堆问题，你都耐心解答完并且报完价格后，客户说"我再考虑考虑"。

客户明明对产品感兴趣，当你跟对方讲解完产品后，客户说"我暂时还用不上"。

遇到以上情况，如果我们听信了客户的"说辞"而不采取相应的逼单策略，就可能失去成交机会。这时候，我们应该先搞清楚客户犹豫不决背后的真正原因，是担心产品效果，在试探产品的底价，还是未能感知到产品的价值等。

当我们听出了客户的这些"话外之音"后，应该如何采取相应的逼单策略呢？

第 1 节

当客户说"太贵了"

当客户说"太贵了",不代表他们真的嫌贵。客户永远不会放弃和商家讨价还价的权利。如果你还在用"一分钱一分货"这种老掉牙的话术回应客户,很容易把天聊死。

针对这种情况,我们应该如何逼单呢?

逼单策略:限时限量礼品/限定服务人员

在消费心理学中,人们把因为"物以稀为贵"而引起购买行为提高的现象,称为"稀缺效应"。限时限量礼品或限定服务人员都是在给消费者营造一种紧迫感,促使他们尽快做出购买决策。"限时"和"限量"必须同时进行,这样才能达到更好的逼单效果,否则单一"限量"或"限时",消费者的紧迫感会大打折扣。

参考逼单话术 1

> 李总,虽然我们产品的价格不是最便宜的,但它的使用寿命不低于五年。其他品牌的价格确实更便宜,但基本用一两年就要换新了,这样算下来,还是我们的产品性价比更高啊。

用自己产品的优势打败竞品,跟客户算账,让他们感知性价比。

> 如果您现在下单,还可以另外获得一份价值698元的限量礼盒,只有10个名额,活动截至今晚12点。目前只剩下最后2个名额,很可能今天下午就被抢完了。这么大力度的优惠活动我们一年只搞一次,错过这一次,至少再等一年。

限时限量的礼品再加上限次数的优惠活动,能够在很大程度上给客户制造紧迫感。

参考逼单话术 2

> 这位女士,一看您就是对品质有要求的人,说实话,太便宜的产品真的和您的气质不匹配。

给客户戴高帽。每个人都喜欢被夸赞,抓住人们爱听好话的心理先夸赞对方，满足他们的情绪价值。

> 这样吧，平时购买我们这份套餐是四星级的摄影团队和化妆师来进行服务，如果您现在就订下这个套餐的话，我可以帮您跟公司申请安排五星级的摄影团队和化妆师来服务您。我们五星级的摄影团队和化妆师之前服务过很多明星，非常专业，拍出来的效果堪比明星大片。
>
> 我是真的觉得您的气质特别出众，不拍太可惜了，正好这个月我的业绩达标，可以跟公司申请一个优惠名额，这唯一的一个优惠名额，我真心想送给您。

利用唯一的优惠名额制造稀缺感，刺激客户现场下单。

在用限时限量礼品进行逼单时还需要注意一点，就是赠送的礼品／福利必须符合客户的兴趣，并对其做好价值塑造。通常情况，礼品／福利名额越少、活动时间越短，紧迫感就越强。最好将名额控制在不超过 10 个，活动时间控制在 24 小时以内，甚至几小时内最佳。

最理想的情况是要求客户立即转全款，按照付款先后顺序确定名额。如果产品的客单价相对较高，可以采取转定金的形式进行"逼单"。但需要控制付尾款的时间，时间不宜过长，通常 1~3 天以内为宜，具体时间可根据情况灵活调整。

第 2 节

当客户说"再便宜点"

当客户说"再便宜点"时，说明对方十有八九已经决定要购买了，只不过想尝试压低价格。如果你直接回答客户"这已经是最低价，便宜不了了"，客户本来已经准备掏钱购买了，最后却被你一句话给撑走了。

更有利于成交且高情商的逼单话术应该是怎样的呢？建议按以下三个步骤进行：

1. 表示理解对方

人人都希望被理解，先表示能感同身受对方想要以更便宜的价格买到产品。

2. 让客户"占便宜"

乔布斯说："客户不喜欢便宜的产品，而是喜欢占便宜的感觉。"其实，当客户说"再便宜点"的时候，无非是想要满足一下他们想占便宜的心理。这时候，我们不妨给客户一些好处，使其尽快下单。

3. 假定成交

"假定成交法"是指假定一件事成为事实,这个方法适用于决策能力低、犹豫不决、喜欢压价类型的客户。

我们结合以上三个步骤,列举一段逼单话术:

> 亲爱的,我非常理解你,谁买东西都想更便宜。(先表示能感同身受)
>
> 继续说:但是这个价格真的已经是我们活动的最低优惠价了。您看要不这样,现在扫码注册我们的会员,十一活动期间可以享受双倍积分,消费满100个积分就可以兑换一份价值88元的新人礼包。今天您购买这份套餐,然后注册会员就能满100个积分了,新人礼包你现在就可以带走。
>
> 让客户占便宜,此时我们要观察客户的反应,如果客户还在犹豫,我们就要进一步帮对方做决策,如何做?
>
> 继续说:来,麻烦您扫这个二维码,我教您注册,您付完款可以直接积分。(最后做假定成交)

我们在对此类客户进行逼单时,注意语气一定要足够温和,但态度要坚决,不能轻易降价。一旦我们轻易降价,客户不但不会觉得自己占了便宜,反而会觉得你的产品本来就是卖这个价。因此,对此类客户,最好是采用赠送一些小礼品或者注册会员赠积分等方式来进行逼单。

第3节
当客户说"我再考虑考虑"

在销售过程中，常常会遇到客户提出"我再考虑考虑"的情况。这时候，你应该如何回应呢？以下是一些错误的回答以及有效的逼单策略：

> ✗ 错误回答1：王小姐，刚才我不是跟你讲得很详细了吗？我们的产品这么好，又这么适合你，你还在考虑什么呢？

这样的回复容易让客户感觉被质问，没有人喜欢被质问。并且，作为卖方，自己夸产品好就等于王婆卖瓜，客户是不会买账的。掏钱买单的是客户，只有从客户嘴里说出来的好才算数。因此，这样的逼单方式很容易招致客户的排斥。

> ✗ 错误回答2：好的，那您再好好考虑一下，考虑好了您再联系我。

客户说考虑考虑，往往都是为不想买单找借口，其实客户的内心已经在拒绝你了。如果你真的"佛系"地等着客户回头找你，大概率是没有业绩的。

实际上，当客户说出"我再考虑考虑"这句话时，说明你没有真正解决客户的疑虑。通常我们在遇到这样的情况时，可以采用以下四个步骤进行逼单：

1. 认可产品价值

> 参考话术：张总，能看得出来您对我们的产品还是很满意的，否则也不会花这么长的时间了解了，对吗？

2. 封闭式提问

> 参考话术：您是考虑价格，还是担心产品的到货周期呢？

问你认为客户最可能有顾虑的几个方面。封闭式提问有利于引导对方做"自我说服"，提高逼单的成功率。

3. 涨价逼单法

> 参考话术：张总您放心，我们老板特别重视您这位大客户。昨天就亲自跟我交代过了，给您最优惠的价格，能多优惠一块钱我绝不会多加一块钱。而且，这款产品下个月就要涨价了，趁涨价前还有优惠的时候买是最划算的。

4.承诺售后

> 参考话术：您放心，跟我们公司合作是没有后顾之忧的，我们有售后三包，并且我会安排公司最有经验的李师傅给您上门安装，他在这行工作有20多年了，您现在下单的话，我这就给您安排。

通常来说，如果客户确实对产品满意，并且我们也表达了足够的诚意，到了这一步，客户的顾虑已经基本打消得差不多了。这时候，我们可以乘胜追击，问客户一句：您是微信支付还是刷卡？

第4节
当客户说"我暂时还用不上"

当我们为客户介绍完产品并且报完价格后,客户回复:"好的,我已经了解了,我暂时还用不上。"这时候,应该如何进行逼单呢?以下是一些有效的逼单策略:

1. 直接询问,判断真实意图

在询问之前,你需要迅速回想一下客户提出的第一个问题,这通常是他们的顾虑点。如果客户首先问的是产品的保质期,可能是在关心产品是否新鲜或使用周期长短。这时候,我们要视具体情况来解决客户的疑虑。建议采用封闭式提问,以引导客户做"自我说服",提高逼单的成功率。

参考话术:

> 张小姐,您是家里有囤货,还是觉得产品的使用周期短呢?

2. 根据意图，采取相应策略

类型1：客户确实暂时用不上

如果客户回复确实暂时用不上，可以采取降低风险的策略。例如，提供体验装并承诺无效退款，以此降低客户的试错风险。

逼单话术可以是：

> 我们很多客户都和您一样，家里囤了各种品牌的商品。他们为什么还是会购买我们家的产品？就因为我们这款××用一个月就能看到明显效果。不信您今天先买一套，我再多送您两套体验装，体验装正常售价是19.9元一套，足够您体验一个星期。效果不满意的话，您退正装给我，我保证不废话给您"秒退"，这几套体验装就当是我免费送您的，不要钱！

以上逼单话术其实是在委婉地告诉客户：我们的产品值得你先放下家里的囤货，再加上"无效退款"的承诺，降低客户的试错风险，你可以无后顾之忧地做出购买决策。

类型2：客户找理由搪塞，不愿意说出真实顾虑

如果客户不愿意说出真实原因，不要再追问，否则对方只会找出100个理由来继续搪塞你。教你一个逼单公式：**以退为进＋提示风险＋强调需求**。

以减肥产品销售举例：

以退为进

> 如果您现在真的很难做决定，那我说再多也是在浪费您的时间。正好昨天我整理了一份减脂食谱，管饱又健康，可以发给您做个参考。

提示风险

> 我也知道我们的价格不是最低的，不过我们的售后是由国家专业营养师一对一提供的。营养师会根据您每天的饮食搭配来进行指导。您只需要在饭前拍一张照片发给营养师，就能得到科学指导。配合得好的客户，三个月下来都调理成了易瘦体质。如果没有一对一的指导，效果其实是很难保证的。

强调需求

> 价格其实不是最主要的问题，最关键的是我们的产品和服务能够真正解决客户的问题，让客户健康地瘦下来，并且不反弹。既然您花了钱就要达到最好的效果，对吗？

假设这个时候客户回复：那价格还能不能再优惠一点？千万不能说：好的，我再给您打 XX 折。建议逼单话术：

> 如果我现在给您申请优惠，您是不是就能定下来？如果可以，我现在就跟我们经理申请折扣。

这其实是在跟客户做约定，通常客户同意了这个"君子协议"，说明离成交就差临门一脚了。只要我们最后给的折扣能够满足客户的心理预期，一般客户就不会违背"契约精神"。

第八章

做一次能顶十次的多客户成交法

销售员通过直播、短视频、朋友介绍、一对一沟通等方式加到潜在客户的微信后,经过长期的铺垫和维护,或许能实现一部分成交。然而,总会有一部分客户因为信任、效果、价格等问题犹豫不决。这时,我们可以通过定期举办多客户成交活动来打消客户的顾虑,实现批量成交,快速提升业绩。

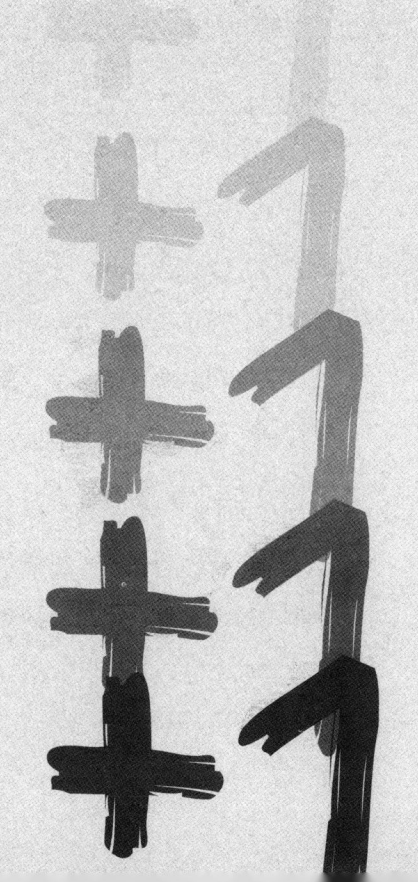

这种多客户成交法，是指将潜在的、有意向的或犹豫不决的客户群体邀请进同一个社群，在社群中进行有组织、有策划的营销活动，将这些客户以一对多的方式做成交。这个过程有点像两个人从相识、相爱到结婚的过程，会经历暧昧期、恋爱期、表白期、喜宴期四个阶段。

第1节
"暧昧期"的客户：狠扎痛点建立期待

在"暧昧期"，销售员与潜在客户之间就像两个互相有好感但尚未明确表白的情侣，处于需要捅破"窗户纸"的状态。因此，这个阶段的关键是利用有效的工具和手段，狠扎客户痛点，建立起他们对多客户成交活动的期待。

痛点不仅仅是客户在生活和工作中所担心、纠结、烦恼的问题，还包括那些可能阻碍他们实现目标、影响生活质量或造成心理压力的因素。作为销售员，我们需要深入挖掘这些痛点，并以一种客户易于接受的方式呈现出来。接下来，我们以客户改变心理和错失恐惧心理的痛点为例，撰写活动主题，激发客户的兴趣和期待。

1. 利用客户的改变心理

客户的改变心理是指他们渴望在某些方面做出积极的改变。特别是当他们看到与自己相似或接近的人取得成功时，这种心理状态会提升客户的行动力和探索欲望。在多客户成交活动中,销售员可以巧妙地利用这种心理,通过策划吸引人的活动主题来吸引"暧昧期"客户的注意。

例如,线上一些常见的利用"改变心理"的活动主题类型有:

> "0成本创业,半年变现6位数,我做对了什么?"
> "裸辞0收入,到月入6位数,94年的我做对了什么?"
> "从直播仅3人观看到收入45万元,普通宝妈做对了什么?"

我们可以拆解这类主题,撰写招募主题,公式为:**起始状态+成绩展示+引导探索**。

起始状态: 描述开始时的情境或条件,通常是一个挑战、问题或不利的情况。例如:

> "0成本创业""裸辞0收入""直播仅3人观看"

成绩展示: 突出客户与他人的差距,引发客户的不甘心理。例如:

> "半年变现6位数""月入6位数""收入45万元"

引导探索: 以一个问题或陈述结束,激发读者对如何达到这种转变的好奇心。例如:

> "我做对了什么""普通宝妈做对了什么"

参考这个结构，我们可以策划活动主题

假设你是一家儿童英语启蒙机构的销售员，你可以这样写——"从英语 0 基础到流利对话，只需 3 个月，您的孩子也可以做到！只需做对这一步。"

假设你是一家健身俱乐部的销售员，你可以这样写——"从赘肉满身到 6 块腹肌，只需坚持 45 天！加入我们的健身计划，让改变从现在开始。"

通过拆解、模仿改变心理的活动主题，我们可以看到利用客户的痛点和改变心理来构建有效的主题结构。

首先，结合产品或服务匹配的目标客户心理需求和痛点的某种状态，唤醒同频；

其次，通过数据化对比，强调显著的改变和明确的短时间，打破客户的心理防线；

最后，给出可行性的解决方案，引导客户探索、行动。

这种方法不仅符合人们的心理规律，还能有效地吸引并转化"暧昧期"的客户。

2. 利用客户的错失恐惧心理

客户的错失恐惧心理是指他们担心错过某个机会、体验或社交活动，由此产生的心理状态。在销售过程中，这种心理状态可以被有效地利用起来推动潜在客户采取行动。通过强调产品或服务的稀缺性、限时优惠或独特体验，销售员可以激发客户的需求，从而推动他们做出购买决策。

例如，线上一些常见的利用"错失恐惧心理"的招募写法有：

> "最后 3 个名额！错过今天，再等一年！"
>
> "限时优惠倒计时，抢完即止！"
>
> "独家福利，仅限前 100 名！"

拆解之后，我们可以得到这一类主题的撰写公式：**强调稀缺 + 限时 / 限量提醒 + 引导行动**。

强调稀缺：突出强调产品或服务的稀缺性。让客户感到机会难得，错过后悔。例如：

> "最后 3 个名额" "独家福利"

限时 / 限量提醒：通过设置时间限制或数量限制营造紧迫感，促使客户尽快行动。例如：

> "错过今天，再等一年" "仅限前 100 名"

引导行动：以明确的行动指令结束，引导客户做出购买行为。例如：

> "抢完为止" "马上报名"

参考这个结构策划活动主题。假设你是一家旅游机构的销售员，你可以这样写：

> 仅剩 5 个名额！与全球顶级旅行家共赴奢华之旅，错过即遗憾！立即预订，开启您的尊贵之旅！

假设你是一家在线教育平台的销售员，你可以这样写：

> 限时优惠倒计时！只需 99 元，即可享受原价 999 元的精品直播课程！抢完即止，赶快行动吧！

综上所述，无论是利用客户的改变心理还是错失恐惧心理来撰写活动主题，关键都在于了解目标客户的需求和心理状态，并通过精准的语言和策略触达他们的心理防线。通过不断地实践、测试和调整主题内容与策略，销售员可以逐步提升多客户成交活动的吸引力，从而实现更高效的销售业绩提升。

第 2 节
"恋爱期"的客户：对应痛点给出解决思路

"恋爱期"是活动准备期，也是与客户深入交往的关键阶段。在这一阶段，客户对我们的产品和服务产生了浓厚的兴趣，但仍可能存在一些疑惑和顾虑，这些正是我们需要解决的客户痛点。因此，销售员需要通过精心策划的招募内容解决这些痛点，进一步加强客户的信任和购买意愿。

在多客户成交活动中，经常采用的一个有效方法是通过故事化的形式展现客户的改变过程。接下来，以知识 IP 发售直播课程为例，撰写朋友圈故事招募文案，历时三天，供大家参考。

1. 第一天：互动型文案

> 连续直播了 1000 多天，卖出了不少货，也赚了一些钱，近来有不少朋友来围观我的直播间，告诉我很想跟我学直播。我一直在想，到底要不要做这件事呢？是不是真的有朋友想学呢？

> 大家可以在评论区给我点赞,让我看看到底要不要试一试?

这个文案的设计思路是:**产品/服务背景 + 提出问题 + 引导互动**。

接下来,让我们逐步拆解。

产品/服务背景: 简述产品/服务的产生背景。"连续直播了1000多天,卖出了不少货,也赚了一些钱,近来有不少朋友来围观我的直播间,告诉我很想跟我学直播。"这样的描述既展示了成绩,也建立了信任。

提出问题: 通过提问引发关注和思考。"我一直在想,到底要不要做这件事呢?是不是真的有朋友想学呢?"这样说可以拉近与客户之间的距离,制造参与感。

引导互动: 明确邀请潜在客户参与互动。"大家可以在评论区给我点赞,让我看看到底要不要试一试?"这样做不仅可以激活潜在客户,还能收集到有价值的市场反馈。

第一天发布互动型文案,首先,可以很好地测试市场反应,了解潜在客户对产品的真实需求和兴趣程度;其次,通过收集客户反馈,销售员可以直接从目标客户那里获得宝贵的意见和建议,为产品的开发和活动招募打下基础;最后,通过前期互动和铺垫,可以提高客户对产品的期待和购买意愿。

2. 第二天：故事分享型文案

> 昨天提到想开直播课，收到了很多朋友的留言。不少朋友说自己颜值一般，声音普通，不知道直播能讲什么，迟迟不敢行动。
>
> 今天我想和大家分享一个真实的故事，希望可以给你启发和勇气。我有个朋友叫小玲，是个全职宝妈，她当初对直播也一无所知，面对镜头就紧张无措，但又想做点事。看了我的直播后，她就打定主意想再试试。于是开始跟着我学习、模仿，慢慢地找到了自己的风格。现在，她直播带货、做咨询，有了自己的小事业。
>
> 每当我看到她的成长和变化，都感到无比欣慰和自豪。通过她的故事，我想和大家说，无论起点如何，只要我们有勇气和决心去尝试、学习，就一定能够找到那个独一无二的自己。
>
> 这也是激励我开启直播课程的很大原因，我希望能帮助更多像小玲一样的人，突破自我限制，实现自己的梦想。如果你也想勇敢一次，欢迎给我点赞或评论，让我们一起加油！

这个文案的设计思路：**话题引入 + 故事案例 + 情感共鸣 + 引导互动**。

话题引入： 首先提出一个与客户痛点紧密相关的话题。"不少朋友说自己颜值一般，声音普通，不知道直播能讲什么，迟迟不敢行动。"这种引入方式能够迅速抓住潜在客户的注意力，引起他们的共鸣。

故事案例： 通过讲述小玲的故事来提供一个具体的解决方案，告知潜在客户她可以，你也可以。"今天我想和大家分享一个真实的故事，希望可以给你启发和勇气。我有个朋友叫小玲……"故事案例不仅展示了产品的潜力和价值，还打破了潜在客户对直播的刻板印象。

情感共鸣： 强调故事案例所传递的勇气和决心的重要性，以及每个人都可以通过学习和努力找到属于自己的舞台。"每当我看到她的成长和变化，都感到无比欣慰和自豪。通过她的故事……"这样的情感共鸣更具深度和广度，能激发目标客户追求自己梦想的勇气和决心。

引导互动： 明确地呼吁邀请潜在客户参与互动，例如："如果你也想勇敢一次，欢迎给我点赞或评论，让我们一起加油！"这样做不仅可以激活潜在客户，还能收集到有价值的市场反馈。

通过与大众痛点强相关的话题，以故事的形式给客户代入感，让潜在客户在听故事的同时思考自己的人生。

你可以参考这个故事案例写第二天的文案，讲述自己在做某件事时或心酸或开心的事，不断刺激"恋爱期"的客户。

3. 第三天：官宣文案

> 官宣来啦！经过深思熟虑，我决定正式推出我的直播成交课。帮助像我一样的普通人从0到1启动直播，遇见更好的自己。
> 在过去的1000多天直播里，我积累了宝贵的经验，也见证了无数人的成长与蜕变。这次，我希望把这些经验分享给更

> 多想要学习、成长、改变的朋友。无论你是全职妈妈、职场小白还是斜杠创业者，只要你想抓住直播的风口，成为那头"飞上天"的猪，都可以来。
>
> 课程将会涵盖直播话术、直播脚本、互动留人等多个方面，全方位助力你开启直播之路。
>
> 而且，我还会邀请一些行业大咖和优秀学员来分享他们的经验和心得，让你在学习的道路上不再孤单。
>
> 给自己一个机会，尝试一下新的可能，扫描下图中的二维码报名即可。对了，前100名购买的，还可以额外获得照着读就能播的脚本10份，犹豫什么？赶紧行动吧！

这个文案的设计思路：**官宣消息 + 产品介绍 + 大咖背书 + 引导购买**。

官宣消息： 明确告知潜在客户直播课程正式开启招募的消息。"官宣来啦！经过深思熟虑，我决定正式推出我的直播成交课。"这句话是为了引导已经考虑好的客户关注、购买。

产品介绍： 第一步，简要介绍课程/商品的内容、形式和亮点，让潜在客户对课程/商品有一个初步的了解和认识。"我希望把这些经验分享给更多想要学习、成长、改变的朋友。无论你是全职妈妈、职场小白还是斜杠创业者。"第二步，强调课程/商品的适用性和广泛性，打破潜在客户的顾虑和限制。"课程将会涵盖直播话术、直播脚本、互动留人等多个方面，全方位助力你开启直播之路。"

大咖背书： 邀请行业大咖和优秀学员来分享经验和心得。"我还会邀请一些行业大咖和优秀学员来分享他们的经验和心得，让你在学习的道路上不再孤单。"这样做不仅可以提升课程的品质，还能激发潜在客户的购买意愿。

引导购买： 第一步，在文案结尾处明确呼吁潜在客户加入课程，给出购买方式，方便他们进行购买操作。"给自己一个机会，尝试一下新的可能，扫描下图中的二维码报名即可。"第二步，给出福利刺激，引导提前抢占。"对了，前100名购买的，还可以额外获得照着读就能播的脚本10份，犹豫什么？赶紧行动吧！"

通过连续两天的铺垫和推进，潜在客户已经对直播课程产生了浓厚的兴趣和购买意愿。此时发布官宣型文案，正式开启招募活动，能够迅速吸引潜在客户的注意力，促使他们行动，为后续的销售和推广打下坚实的基础。后续推广可以参考第二天的故事型文案写法，持续不断地讲述产品研发、打磨、面世的故事，刺激潜在客户下单。相比于单纯地发布产品广告更有说服力，说明你不是为了推销而推销，而是真诚地投入了大量心思。

假如你是做实体产品的，朋友圈文案也可以借鉴这个思路来设计。你可以讲述你为什么想卖这个产品，以及生产研发这个产品的初心，你反复试验和寻找供应商的故事。

记住，"恋爱期"关键内容的发布和互动应该在朋友圈中进行。你可以把为宣发而准备的海报分成十条以上的内容，以便制造话题。不用担心打扰客户或者被客户屏蔽。首先，如果对方屏蔽你，说明他本身就不是你的潜在客户；其次，活动期宣传造势是必不可少的，就像线下门店开业一样，越热闹，人气越旺，客户的兴趣也会越浓厚，在线上也是一样的道理。

你应该通过持续的内容发布和互动吸引客户的注意力，进一步增加他们对你的产品或服务的兴趣和信任。

第 3 节
"表白期"的客户：展现问题的部分解决方案

"表白期"的客户是指那些已经对产品或服务有所了解，并表现出购买意愿的潜在客户。他们对产品的质量、服务以及潜在风险存在一定的顾虑，以至于迟迟未做出下单决定。为了推动这些客户做出购买决策，销售员需要展示问题解决方案以打消客户的顾虑。

1. 针对产品质量的顾虑

一些客户在购买产品之前对产品的品质、性能、耐用性等方面存在顾虑。这可能是由于客户对产品不了解、对品牌不信任，或受到同类产品负面评价的影响。

为了打消客户顾虑，除了提供详细的产品信息、展示第三方的认证和评测等书面资料外，最直观的方法就是提供免费试用或样品，让客户亲自体验产品。例如，一些虚拟类产品会提供免费试用 7 天或试听课程等，这都是为了消除客户对产品质量的顾虑。

举个例子，某品牌推出一款美白祛斑护肤品。市场上同类品竞争激烈，新产品积累用户口碑需要一定时间。为了积累口碑，销售员策划了一场为期28天的美白体验营活动。活动内容包括护肤知识分享、使用心得交流等。参与条件是客户需要原价购买产品，并承诺每天使用并打卡记录。活动结束时，若客户觉得产品无效，则可以享受退款服务。这样的体验形式吸引了众多客户购买产品。

2. 针对服务的顾虑

由于服务的无形性和阶段性特点，客户在购买某项服务之前，可能会对服务的品质、响应速度、售后支持以及服务人员的专业水平等方面存在顾虑。

为了消除这些顾虑，除了提供试用或体验服务外，销售员还可以采取以下措施：首先，清晰展示服务流程，让客户对服务有更深入的了解；其次，展示过往客户的正面评价和推荐，以及相关的资质和认证，以增强潜在客户的信心。

举个例子：

> 陈璐在销售直播成交课程时，面对客户对于课程服务的顾虑，她详细展示了服务流程：
>
> 1.付款后，我会给您发送一份资料，请您填好后告诉我。
>
> 2.咱们约个时间进行一对一沟通。沟通结束后，您就大概了解自己直播时要怎么做了。毕竟千人千面，每个主播都有自

> 己的风格。我会与您一对一交流，找到最适合您的方式。
>
> 3. 沟通后，您可以看看我这套《直播脚本话术》，把里面的模板改成自己的内容，梳理一下，先试着播起来，找找感觉。
>
> 4. 在试播的过程中或下播后，有任何问题都可以找我。等到时间开课，我就会拉您进群，届时还会配有助教和班主任，我们三个人服务您一人。

这个交付过程不仅严谨、流程化、系统化，而且提供了一对一的个性化服务，彻底打消了客户对服务的顾虑。

3. 针对潜在风险的顾虑

客户在做出购买决策后，还会担心可能出现的负面后果、不确定因素或潜在损失。这些风险可能涉及产品性能的不稳定性、服务执行的不当，以及隐私泄露等方面。

为了彻底消除这些顾虑，给予负风险承诺无疑是一种有效方法。例如，电商平台常用的 7 天无理由退换货政策就是为了解决这些潜在风险。这种处理方式不仅能展示销售员对产品和服务的自信，还体现出对客户的尊重和关怀。

举个例子：

> 某知识 IP 在一次多客户成交活动中，由于产品的客单价较高，特地设计了预付 100 元订金抢占名额的活动。对于支付

> 订金的客户，会赠送一次一对一咨询服务。如果在咨询过程中客户感觉不满意，知识IP将全额退还订金，并且会赠送等价值的实物礼品作为感谢和补偿。通过这种负风险承诺，客户可以毫无后顾之忧地积极抢占名额。

最后，需要提醒的是，在多客户成交活动中，销售员应密切观察潜在客户的反应和需求，及时调整策略以更好地满足他们的期望，主动持续的沟通也是推动多客户成交活动成功的关键因素。

第4节
"喜宴期"的客户：给足仪式感，刺激观望型客户

在"喜宴期"，我们需要将焦点转向那些仍在观望的潜在客户。这个阶段不仅是为了庆祝"新婚之喜"，还要向宾客展示这份幸福，给那些对"婚姻"持观望态度的人一些信心。在这个阶段，我们需要精心营造仪式感，吸引观望型客户下单。以下是一些建议的仪式感动作。

1. 限时福利

采用限时限量的发售策略，在多客户成交活动中营造紧迫感。设定明确的名额和时间限制，让福利显得稀缺且珍贵。这种策略在知识付费圈和直播间很常见，如"仅限前5名，活动结束后即恢复原价"。

> 举个例子：某知识IP在社群发售朋友圈课程时，限时限量福利是799元购买原价1299元的课程，仅限前5名购买者，且在发售当天12点前下单有效。在活动开始前3小时、1小时、半小时不断提醒，营造紧张氛围。

2. 阶梯涨价

随着参与人数的增加，价格逐渐上涨，给观望者一种"再不下单就来不及了"的紧迫感。例如，原价 1299 元的课程，现在购买只需 399 元，满 10 人报名则涨至 599 元，满 20 人再涨至 799 元，最后恢复原价。

> 举个例子：某品牌在新品发布时采用阶梯涨价策略。前 100 名购买者享受 99 元体验价，第 101~200 名购买者则为 299 元，以此类推，直到恢复原价。这种策略让观望者感受到价格上涨的压力，从而促使他们尽快做出购买决策。

3. 名额倒计时

每成交一个客户，就发布一次名额倒计时的提醒。例如："恭喜 XXX 抓住机会！现在还剩 9 个名额，抓紧时间哦！""恭喜 XXX 抓住机会！现在还剩 8 个名额，抓紧时间哦！"通过实时更新剩余名额，观望者会感受到名额的减少和机会的流逝。

4. 购买见证

展示已购买客户的付款截图或专属海报，为观望者提供购买信心。这种见证可以直观地展示活动的真实性和受欢迎程度，具有很强的说服力。可以要求客户在付款后将截图发送到社群里，或者为客户制作专属海报，并展示他们的形象照、身份标签等。

举个例子：某社群在组织多客户成交活动时，要求已购买的客户将付款截图发送到社群里。同时，还为这些客户制作了专属海报，并展示了他们的购买信息和感言。这种购买见证不仅增强了活动的可信度，还激发了观望者的购买欲望。

5. 报名接龙

报名接龙是一种在社群里非常有效的动作。让意向客户或已报名的客户直接在社群里进行接龙，不仅展示了活动的火爆程度，还能通过群体效应激发更多人的参与意愿，刺激观望客户迅速行动。

举个例子：在某个水果团购的活动中，主办方采用了报名接龙的方式。当第一个客户在社群里发布自己的报名信息后，后续的客户纷纷跟上，形成了一个长长的接龙队列。观望的客户看到这种情况后，纷纷询问活动详情并表达自己的参与意愿。最终，这次活动的参与人数远远超过了主办方的预期。

需要注意的是，当意向客户不多时，报名接龙可能会显得冷清，起到反作用。因此，建议在决策成本相对低的产品（如水果、引流品等客单价低的产品）中采用报名接龙的方式；对于客单价偏高的产品，可以考虑采用押金形式进行接龙。

在实际销售过程中，建议根据目标客户群体的特点和偏好，灵活选择和组合这些仪式感动作。同时，结合视频、海报、表情动图等元素进行配合展示，以更加生动、直观的方式营造紧张氛围，吸引观望型客户下单。

第九章

这样维护客户，有效提升复购率

让客户持续性复购我们的产品或服务，是每个销售员都必须掌握的技能。如何将一次性购买客户转化为长期复购客户，是所有品牌都面临的挑战。

美国学者弗里得里克-里奇海尔的研究表明：重复购买的顾客在所有顾客中所占的比例提高5%，对于一家银行而言，利润会增加85%；对于一位保险经纪人而言，利润会增加50%；对于汽车维修店而言，利润会增加30%。

我们的时间、精力和资源都是有限的。为了将有限的人力和资源投入到对企业价值贡献最大的客户身上，我们应该对客户进行分级维护，以实现最大化的投入产出比。

例如，中国移动公司根据KAM（大客户管理），对个人客户中的高端客户群进行优先、优质服务，这个人群占客户总人数的10%，其通信费占移动公司总收入的38%。

第1节
优质型客户：建立专属档案，优化细节，升级服务

优质型客户的购买金额、复购率以及忠诚度通常较高，是企业收益的核心来源。施乐讨论中心的调研报告表明：一个满意度较高的优质客户，其消费意愿是其他客户的六倍。然而，三分之二的优质客户离开，是因为企业对客户的关心不够，导致客户的满意度降低。

因此，为了更好地了解客户，提供更多定制化服务，提高客户满意度，我们应该为客户建立专属档案、优化细节并升级服务。这是维护优质型客户的基础，也是必要的措施。那么，我们要如何建立专属档案呢？以下是四个可行的步骤：

1. 基本信息

通过客户的基本信息，我们可以更加全面地了解客户情况，便于我们和客户进行日常沟通和非标服务，获得更高的客户满意度。

2. 综合分析

通过记录分析客户的消费项目以及目前存在的问题，我们可以针对客户的需求制定出令人满意的解决方案。

3. 消费详情记录情况

记录客户每一次消费的具体情况，例如单次消费金额、消费时长、服务人员、消费细节等，详细了解客户的消费习惯、喜好和消费频次等，以便销售员后期精准促单。

4. 消费综合分析

这个部分至关重要。通过详细记录客户的消费情况，直观体现客户的价值贡献程度，我们可以对价值贡献特别高的客户提升服务细节，增强客户的忠诚度。

以下是某美容院给一位高级 VIP 客户建立的专属档案，仅供参考：

高级 VIP 客户档案表			
一、基本信息（为您提供私人定制等个性化服务，内容保密）			
建档日期：	年　月　日	顾客编号：	
姓名：		性别：	
联系电话：		职业：	
微信名：		微信号：	
身份证号：		生日：	年　月　日
星座：		籍贯：	
地址：		常住城市：	
婚否：		子女情况：	

（续表）

口味喜好：	□甜食　□辛辣　□清淡　□适中　□不能吃辣 □不吃甜食　□素食　□海鲜
爱喝的饮品：	□水　□咖啡　□茶　□奶茶　□饮料　□果汁
是否爱饮酒：	□经常饮酒　□偶尔　□不饮酒
是否抽烟：	□经常抽烟　□偶尔　□不抽烟
是否对某些食物或成分过敏：	□是　□否
睡眠状况：	□深度睡眠　□一般　□浅度睡眠　□经常做梦 □一般　□有睡眠障碍　□经常熬夜
睡眠时长：	□6小时以下　□6~7小时　□7~8小时　□8小时以上
二、皮肤综合分析（根据您的肌肤情况，针对性帮您解决肌肤问题，内容保密）	
皮肤类型：	□干性肤质　□痤疮　□油性肤质 □激素脸　□中性肤质敏感肌　□敏感肌
常用的护肤品牌	□日韩护肤品　□欧美一线品牌　□国产小众品牌
面颊：	□毛孔粗大　□有痘印　□爱出油　□毛孔细腻　□雀斑　□黄褐斑 □晒斑　□褐青痣　□容易泛红　□有红血丝　□脂肪粒
眼周：	□鱼尾纹　□黑眼圈　□眼袋　□小细纹　□真性皱纹
鼻部：	□黑头多　□小黑头　□毛孔粗大　□有白头粉刺　□深浅黑斑 □脂肪粒　□汗管瘤
下巴：	□粉刺　□爱出油　□容易长痘　□深浅雀斑
额头：	□粉刺　□雀斑　□泛红　□黄褐斑　□深皱纹　□爱出油 □川字纹　□脂肪粒　□浅皱纹　□汗管瘤
嘴周：	□双下巴　□肤色暗沉　□长痘　□黑头　□粉刺
最想解决的皮肤问题（可多选）： □黑眼圈　□鱼尾纹　□褐斑痣　□脂肪粒　□皮肤松弛	
其他： □痘痘　□眼角细纹　□毛孔粗大　□汗管瘤　□黄褐斑　□雀斑 □白头粉刺　□红血丝　□法令纹　□晒斑　□黑头　□过敏 □眼袋　□疤痕　□抬头纹　□角质层	
皮肤诊断： □油性缺水　□重度黑眼圈　□轻微黄褐斑　□面颊有轻微红血丝 □皮肤屏障轻微受损	
其他：	
顾客意见：	

（续表）

三、消费详情记录							
到店日期	美容师	具体护理项目	护理时长	购买产品	剩余卡次	顾客签名	专属服务备注

服务细节备注
1.
2.
3.
1. 准备一杯拿铁。
2. 做小气泡清洁时长需控制在5分钟以内，不要用热喷，用冷喷。
3. 做完护理，再增加5~10分钟头部按摩，客户经常偏头痛。

四、消费综合分析（内部资料，内容保密）
消费频次：
平均消费金额：
单次最高消费金额：
单次最低消费金额：
最常消费项目：
低频消费项目：
截至目前消费总金额：
转介绍：
转介绍消费总金额：

  建立了客户专属档案后，我们要根据客户档案灵活优化细节，升级服务，提升客户的满意度和忠诚度。建议持续为客户提供专属定制化服务，根据消费用户的个人情况、需求和喜好等提供一对一服务。

  例如：销售员小李的一位女性客户张姐经常找她购买护肤品，小李通过张姐的专属档案了解到她有一个5岁的女儿，并详细记录了她女儿的生日。小李在和张姐平时的沟通中，了解到她女儿很喜欢Hello Kitty的玩具。有一次，小李在她女儿生日前为她订了一款Hello Kitty公仔，并用贺卡写上对方的姓名和生日祝福语。

小李在张姐女儿生日当天上午,这样给张姐发信息:

> 张姐上午好,今天是你家小公主的生日。你之前说你家宝贝女儿喜欢 Hello Kitty,我前两天给你女儿订了这款公仔(说完发一张公仔的高清图)。祝小公主生日快乐,越来越聪明可爱。我刚刚已经叫快递送到你家,晚点你注意查收。

张姐在收到小李送给她女儿的玩具后非常开心。第二天,她不仅找小李复购了一套900多元的美白套装,还给小李介绍了她的两位好姐妹。

那么,专属定制服务应该从哪些细节来着手呢?通常可以从以下四个方面入手:

细节1:属于客户/客户家人的特定日子。例如:我们可以在客户/客户家人的生日、结婚纪念日等特定日子为客户定制专属礼品。

细节2:客户的身高、体重等。例如:我们可以根据客户的身高、体重、三围等,为客户量身定制服饰,这一般适用于服装饰品行业。

细节3:客户的个人喜好。例如:我们可以根据客户喜欢什么口味、香型、颜色等为客户提供升级服务。

细节4:客户的身体状况。例如:知晓客户有糖尿病,在提供饮食的时候就要避免高糖分的食物,尽量提供有助于降血糖的健康食品。

细节5:客户的姓名。例如:我们可以给优质客户提供带有对方姓名的"私人定制"礼品,这么做不仅能够使客户体验到一种至臻尊贵的感受,还能激发客户拍照晒朋友圈的分享欲。既满足了客户的精神需求，又为我们做了口碑宣传，一举两得。

客户千人千面，销售员所处的行业也不尽相同，因此定制化服务要根据具体情况来设计。无论是哪个行业或哪种客户，最核心的一点是，要让优质客户受到自己和普通客户有区别，所享受服务要优于普通客户。

例如：同样是住五星级酒店，住普通套房的客户和住总统套房的客户享受的服务待遇是有明显差别的。国内的总统套房价格通常每晚过万元。价格之所以如此高昂，除了房间的装修风格更精美、舒适度更高，更多的是因为那些看似微小但能让客户享受到"私人定制"的服务细节：

细节1：专属管家。五星级酒店的每一间总统套房都配备了专属管家，一房一管，二十四小时满足客户的各种需求，随叫随到。

细节2：专属电梯。酒店会为入住总统套房的客户提供"私人通道"，确保客户的安全和隐私。

细节3：专属档案。酒店会为入住总统套房的客户建立专属信息档案，比如客人的睡眠时间、喜欢的口味、不喜欢吃什么等，这样就能够在客户下一次入住时提供一对一的专属服务。

细节4：专属商务支持。酒店会为入住总统套房的客户提供私人会议室或智能办公设备，方便客户办公或进行商业洽谈。

从以上罗列的几点服务细节，我们可以看出五星级酒店为入住总统套房的优质客户提供的精细化服务，能使客户感受到"我享受的待遇和住普通套房的人不一样"，有一种至臻尊贵的满足感。所以，升级优化服务细节，是我们维护客户强黏性的核心要素。

第2节

价值型客户：无法进行一对一精细服务时，设立会员等级是好策略

价值型客户在企业中数量较多，客单价和消费频次低于优质型客户，其中有一部分是首次购买的新客户。尽管如此，积少成多，价值型客户也能为企业创造一定的价值。因此，我们应以发展的眼光看待价值型客户，并做好维护工作，努力将他们发展成优质型客户。

鉴于我们无法为每个价值型客户提供个性化的精细服务，那么如何有效地对他们进行维护呢？可以试试设立会员等级制度。对于价值型客户而言，会员等级制是获取更多优惠和福利的主要途径。我们可以根据客户的消费金额和消费频次，从低到高设置不同的会员权益，并给予相应的优惠，提高客户的购买动力，进而提升企业的销售额。

首先，我们需要了解会员等级由哪几部分构成。尽管不同品牌的产品在价格、利润和受众群体方面存在差异，但绝大多数品牌设立会员等级制度时会考虑以下几个方面：

1. 等级

通常分三至五个级别，建议根据客户的当期累积消费总金额（即价值贡献程度）进行排名，消费金额越高，会员等级越高。

不同等级的划分主要是为了便于根据客户的消费数据和行为建立用户画像，使会员感受到差异化服务，并方便销售员精准营销。举例来说：

普通会员：VIP1（累积消费金额排名后70%）

金卡会员：VIP2（累积消费金额排名前11%～30%）

白金会员：VIP3（累积消费金额排名前10%）

2. 权益

通常包括以下几种形式：

折扣：不同会员享受不同的折扣。

例如，普通会员全场消费享受9.5折，金卡会员全场消费享受8.8折，白金卡会员全场消费享受8折。

累积消费升级：客户的累积消费金额达到一定标准后可升级会员等级。

例如，累积消费满2000元升级为普通会员，累积消费满5000元升级为金卡会员，累积消费满10000元升级为白金会员。

积分获赠：客户每消费一定金额可获得相应积分，积分可兑换特定价值的商品或服务。例如，累积满一定积分可获赠相应价值的商品。

特权：不同会员享受不同的特权。

例如，提前体验新品、参与限量秒杀活动、赠送免费体验券、尊享晚宴等。

无论哪一项权益，都是遵循"会员等级越高，享受的权益越多"这个原则来设置的。会员等级的高低是由客户对企业的价值贡献度决定的，白金卡会员享受的折扣力度和服务都是最优的。之所以要这样设置会员权益，是为了提升客户的复购率和满意度，刺激客户增加消费，不断升级会员等级。"特权项"还可以实现拉新的目的，赠送免费体验券给朋友，对于老客户来说可以做个顺水人情，对于我们来说也实现了精准拓客，老客户的推荐是极强的信任背书。

3. 福利

生日/会员日专属折扣

例如：普通会员生日当天可享受全场 8.5 折优惠，金卡会员生日当天可享受全场 7.5 折优惠，白金会员生日当天可享受全场 6.5 折优惠。

包邮

例如：普通会员不享受包邮服务，金卡会享受普通快递包邮服务，白金会员享受顺丰包邮服务。

专属礼品

例如：某品牌的本企会给客户赠送带有客户姓名的专属定制的模型车。

第三方合作福利

例如：全年消费满 38000 元可享受高端五天四晚丽江游一次。

通过设置不同等级会员的福利，可以在一定程度上提高客户的消费预算，例如生日、会员日享受专属折扣可以刺激原本没有消费意向，或者本想消费其他品牌的客户，最终选择在我们这里消费。同时，专属礼品能够使客户获得尊贵感，提升客户对品牌的好感度。

举例：某中高端品牌内衣（平均客单价1800元）

会员级别	普卡	金卡	白金卡
累计消费（元）	2000	5000	10000
折扣	全场9.5折	全场8.8折	全场8折
会员日权益	全场8.5折	全场7.8折	全场7折
包邮	——	普通快递	顺丰快递

从以上这张会员等级表中，我们不难看出，无论是哪项权益，都是遵循"会员等级越高，享受的权益越多"这个原则来设置的。无论我们销售什么产品，都应该遵循这个原则来设置会员等级，以此来刺激客户多消费，从而逐步提升他们的等级。

以上案例模板仅供参考。在设立会员等级制度之前，我们务必仔细核算产品的净利润，确保企业在给予会员优惠折扣之后依然留有可观的利润。

第3节
挽留客户：针对客户流失的原因"对症下药"

西方营销专家菲利普·科勒特通过研究和企业实践发现：争取一个新客户的成本是留住一个老客户的5倍，一个老顾客贡献的利润是新顾客的16倍。此外，一旦流失的老客户对企业造成负面口碑，将给企业带来更大损失。顾客满意第二定律告诉我们：一个不满意的顾客造成的损失，需要12个满意的顾客才能平衡。所谓"好事不出门，坏事传千里"，就是这个道理。

因此，一旦发现客户流失的迹象，我们应该立刻重视起来。当客户的消费频次下降、消费金额减少时，必须立即采取行动，尽快了解客户流失的原因，再根据不同情况"对症下药"。

老客户流失最常见的原因有以下五点：客户对售后服务不满，客户对产品质量不满，未能兑现对客户的承诺，竞品价格更具优势，客户利益受损。

针对以上几种情况，我们应该如何进行挽留呢？

1. 客户对售后服务不满

例如：工作人员服务态度差、效率低、服务环境差、流程烦琐等。

挽回策略：在客户提出不满意见时，先不要着急解释。因为无论你的解释是否合理，客户在情绪激动时都可能认为你是在为自己辩解。我们应该先真诚道歉，虚心接受客户的建议，安抚客户情绪，让客户感受到我们的真诚。

道歉参考话术：

> 张总，真的非常感谢您一直以来对我们公司的支持，很抱歉因为我们的原因给您造成了非常不好的体验。我们非常重视您的反馈，并且将尽快解决，升级服务品质，并确保不再发生这种情况。再次深表歉意，希望您能够再给我们一次机会，继续为您提供满意的服务。

2. 客户对产品质量不满

例如：产品质量下降、产品有瑕疵、效果达不到理想预期等。

对于这种情况，我们应该高度重视。如果客户的流失确实是由于产品质量问题造成的，我们应该全力以赴改善产品质量，不遗余力地进行产品更新和迭代。一旦产品质量得到提升，我们可以联系老客户，免费提供新品体验。如果客户对新产品感到满意，他们再次购买的可能性将大大增加。

道歉参考话术：

> 张总，听到您对我们产品的批评意见，真的很抱歉！这个问题让我们高度重视，因为您对我们的信任和支持非常重要。
>
> 我们已经意识到了这个问题，会全力以赴解决它。我们会立即调查，找出问题所在，并确保再也不会发生这样的情况。
>
> 为了弥补您因此遭受的损失，我们愿意提供一些补偿，同时，也希望您能够给予我们宝贵的建议，帮助我们改进产品质量。再次向您道歉，也非常感谢您的理解和支持。如果您还有其他问题或需要帮助，请随时告诉我们。我们会尽全力确保您的满意度和购物体验。

3. 未能兑现对客户的承诺

例如：之前承诺过客户给予某某优惠或礼品赠送，由于疏忽或其他原因未能兑现。

挽回策略：诚恳地向客户道歉，并承认这是因为工作人员的疏忽造成的，而非故意为之。在道歉之后，立即兑现之前未兑现的承诺。必要时，我们可以在原承诺的基础上加大力度，例如原先承诺赠送一盒益生菌，现在可以赠送两盒，以此向客户展示我们对他们的重视和诚心挽留。

道歉参考话术：

> 张总，真的很抱歉我们没有兑现之前给您的承诺。我们完全理解给您带来的困扰，这绝不是我们想要的结果。
>
> 真诚地向您道歉，我们确实做得不够好。我们会认真反思

> 工作流程，并确保以后不再发生这样的疏忽。我们愿意全力以赴来弥补过失，立即兑现承诺，并且额外提供一些补偿，以表达对您的歉意。

4. 竞品价格更具优势

例如：行业竞争、竞品更具价格优势等。这种情况需要我们格外注意，因为客户往往会根据价格的优劣选择合作伙伴。

挽回策略：对于这种情况，我们应该先评估重新定价所需的成本和收益。如果发现重新定价可以吸引流失客户的收益大于成本，那就要考虑采取行动。我们需要参考竞争对手的定价策略，制定出与之相当甚至略低的价格体系，并在营销活动、广告宣传和促销方面进行创新，给客户带来新的体验，从而吸引他们回归。

参考话术：

> 张总，我完全理解您对价格的关注。在如今竞争激烈的市场环境下，价格确实是一个重要的考量因素。我们一直在努力提供高品质的产品和服务，并且在不断优化成本结构的基础上努力保持竞争力。当然，我也明白您的选择不仅仅是出于价格因素，而是希望获得更好的价值和服务体验。因此，我想与您分享我们最新的优惠价格和服务升级计划，以确保您能够享受到最具竞争力的价格和最优质的服务。

5. 客户利益受损

例如：由于某个突发性事件导致客户利益受损。

这种情况我们要格外重视，一旦处理不好，不仅会流失客户，还可能会严重影响公司的口碑，给公司造成重大损失。在客户利益受损后，我们应该立即采取补救措施。

挽留措施：第一时间联系受影响的客户，最好由公司高层亲自向客户道歉，并发表诚恳的致歉信，表达对客户所遭受损失的重视。随后，我们应迅速制定补偿方案，并尽快执行，以最大限度地减轻客户的损失，并安抚其情绪。补偿方式可以是产品赔偿、现金补偿或提供更优惠的折扣等形式。重要的是，我们的补偿方案、力度和执行速度都要让客户满意。

例如：

> 某物流公司曾因一次停运事故而导致严重的客户流失，一时间有大量的忠实客户转向其他物流公司，成千上万的员工被解雇了。这家物流公司意识到，必须立即挽回流失的老客户。之后，这家公司在给客户发表了致歉信后，在运费上给予客户更大力度的折扣以作为补偿，并承诺以后不会再发生此类情况。最后，这家公司成功挽回了大部分流失的客户。

第十章

做好售后服务，不销而销，持续热卖

做好售后服务，不仅可以增强品牌竞争力，还能促进销售业绩的提升，并且为品牌树立良好的口碑。

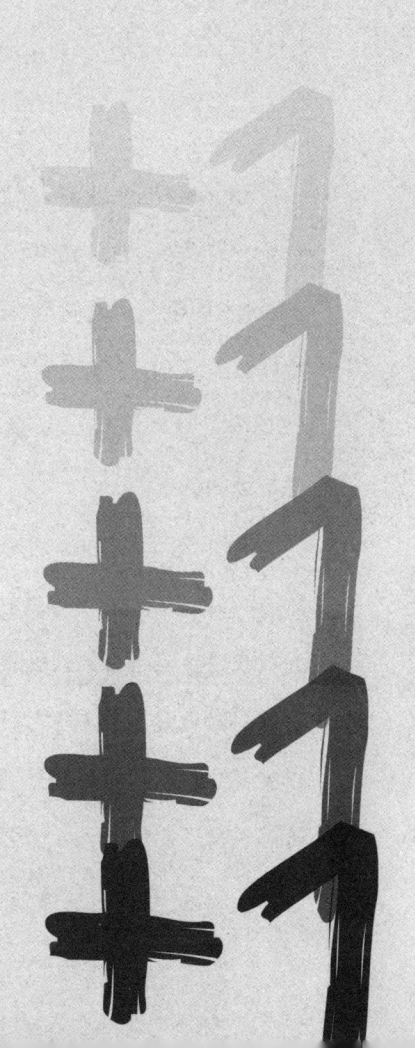

+

　　Zappos 是全球最大的鞋类电商，销售额一度占到全美鞋类的 25% 左右。尽管退货率达到 25%，但 Zappos 的毛利仍可达到 35%。仅用 6 年时间，该品牌就获得了 60% 的回头客，其中 25% 源于亲朋好友转介绍。可见，Zappos 靠顾客满意度和忠诚度得到了市场的认可。

　　2005 年，Zappos 创始人谢家华接受《金融时报》采访时说："人们很早就知道提供良好服务的企业都会很成功，但没有人那么去做。"

　　面对亚马逊这样的劲敌，Zappos 仍然创造了这样的成绩，可见做好售后服务非常重要。做好售后服务可以帮助销售员和企业提高业绩，帮助品牌改进产品和服务，提高客户忠诚度、客户复购率和客户转介绍率。同时，这也是你的产品和服务想要达到不销而销，持续热卖的终极法宝。

然而，很多销售新手在处理售后服务时往往缺乏细致和耐心，试图以最低成本快速解决客户这一刻的问题，导致客户的疏远和业务的流失。好的售后服务不应只解决眼前的问题，更应该站在客户的立场思考，提供更优质的体验，从而建立长期稳定的客户关系。这需要一种长期主义的策略，而不是简单追求当下的利益最大化。

对于销售新手而言，要做到完美的售后服务，可以从后文提到的几个方面着手。

第1节

售后场景一：当客户带着情绪来

在售后问题出现时，客户往往带着较强烈的负面情绪。客户一般会在第一时间表达不满、发泄情绪，更多的是表达主观感受，而不一定具体指出产品问题，比如："怎么这样！""你们这是什么情况？""这也太离谱了吧！"

然而，销售新手常常容易忽略客户的情绪，直接给客户提供赔偿方案。这可能造成以下结果：第一，客户更生气，售后问题更难被解决；第二，客户暂时接受，但不会对你有好感，进而不会复购。

当客户有情绪时，他们更在意的是自己的感受是否被理解和重视，而不是问题能否得到解决。因此，建议销售员在处理售后问题时遵循以下铁律："先解决情绪，再解决问题。"

凯文·凯利在《宝贵的人生建议》中提到，正确的道歉应包含三个"R"：

> Regret（遗憾）——真心地和他人共情；
>
> Responsibility（责任）——不责备任何人；
>
> Remedy（补偿）——展示你解决问题的意愿。

用好这四个步骤，可以给带着情绪来的客户较好的售后服务感受。

1. 承认客户的情绪

用男女吵架来类比，女生和男生抱怨、发脾气时，男生讲"不要生气了"，不但没用，反而会让女生更生气。客户找销售员处理售后时同理，"不要生气"听上去像在责怪对方不应该生气。正确的做法是在最开始要接受和认可客户的负面情绪，这样做能让客户冷静下来。我们可以这样说：

> "我知道您现在很生气。"
>
> "我很理解您现在的情绪。"
>
> "我知道您对我们挺失望的。"
>
> "真的很抱歉发生这样的事情。"

2. 强烈共情一个点

安抚情绪需要真心共情，不能让客户感到被敷衍，不能只用"不好意思""很抱歉"等客套回复，可以就客户提到的某个具体的点来共情。

例如，客户刘女士购买了某品牌洗衣液，收到后打开发现漏液严重。

> 客户说:"你们这包装怎么搞的?那么重的东西我从快递站搬回来,结果一打开全都洒了!"
>
> 错误回应:"实在不好意思,我们给您赔偿5元,您看可以吗?"

销售新人常用这种方式处理售后,这其实有两个错处:第一,主观判定客户要求补偿;第二,企图用赔偿的方式快速解决问题。实际场景中,因为情绪没被照顾和安抚,可能激发客户的逆反心理,"百般"不同意售后方案,销售员不仅要花更多时间解决问题,而且得不到客户的好感。

> 建议回应:"实在不好意思,害您把那么重的东西搬了这么老远(附上'哭哭'的表情包)。"

例如,客户小王购买某品牌烧水壶,用了两次后无法再次启动。

> 客户说:"你们这个东西质量也太差了吧!才用了两次就坏了!"
>
> 错误回应:"很抱歉,我们给您换一台新的可以吗?"

此种回应有两个问题:第一,没有在第一时间安抚客户情绪,也没有就一个具体的点真诚道歉;第二,主观判定客户的售后需求,并直接给出解决方案。如果客户的需求恰巧为换机,客户会接受,但不会对品牌或销售员产生更多的情感连接,从而失去将其转化成忠诚客户的机会。如客户需求并非换机，就会造成不必要的沟通成本和麻烦。

> 建议回应："很抱歉，让您用热水不方便了（附上合适表情包）。"

3. 直接承认错误

销售新手会习惯性地解释问题产生的原因，试图让客户理解当前的问题并非销售员本人导致的。这种做法可能会适得其反，激起客户的逆反情绪，客户会认为销售员站在了自己的对立面。因此，建议销售员直接承认错误。同样需注意，切忌只说"我们错了"此类较空泛的回答，需提到某个错误的点，明确认错。

例如，客户王某购买某品牌面霜，用了一次后过敏了。

> 客户说："你们这个面霜，我用了一次竟然直接烂脸了！怎么这样啊！"
>
> 销售员回应："很抱歉，任何护肤品都没有办法保证100%不过敏呢。"

这样的回应会让客户更生气，因为听上去像站在品牌方的角度辩解。你可以这样"直接承认错误"：

> 实在很抱歉呀，让您的脸出现过敏现象了，现在是脸发痒

> 了吗？确实是我的问题，没有提醒您确认肤质情况（或：没有提前跟您说最好先在耳后做一下测试）。

关心客户，并且直接承认错误，而且明确了自己的错误是什么。这种做法能让客户第一时间冷静下来，更利于和客户协商后续处理方案。

4. 表明解决意愿

如果做好前三步后，客户的情绪仍然未被抚平，此时应主动表明解决问题的意愿，让客户感受到你是真诚为其考虑的。同时，应提供一个明确的解决方向，而非只有"我们会负责"等泛泛的回答。

如上文提到王某因面霜过敏，可以这么表明解决问题的意愿：

> 您放心，您这个过敏现象，我们会负责到底。后续如果产生了看诊等费用，我们也会给您报销的，您看可以吗？
>
> 您放心，因为我个人疏忽没有提前跟您交代要先在耳后做测试导致您脸过敏了，我会负责的。这边我给您安排一些修护类产品帮您快速缓解过敏状况，您看行吗？

最后结合四个要点展现一个完整的说法供你参考。以上文购买洗衣液漏液为例：

> 实在不好意思，我明白您现在的心情（承认对方的情绪）。害您把那么重的东西搬了老远（配合表情包）（共情一个具体的点），是我们做得不好（直接承认错误）。您能再看下外包装的质检员编号的地方，拍个照片好吗？我们一定彻查是哪个环节出了问题（表明解决意愿）。

至此，按以上四个要点处理，带着情绪来的客户大概率能被有效安抚。情绪被安抚后，再根据客户的需求提供相应的解决方案，就能很好地完成售后服务，而且让客户对销售员产生好感，甚至沉淀为长期忠诚客户。

第2节

售后场景二：当客户要求补偿时

当客户来要求补偿时，通常有两种类型：一种是直接提出补偿需求，另一种是间接提出补偿需求。根据两种类型，策略不同。

1. 直接型

直接型客户一般直接讲客观问题，较少出现情绪表达，应对这类客户，切忌啰唆没重点。这类客户的应对公式为：**直接承认具体错误＋感谢建议＋主动提供解决方案**。

案例：小李报名一个知识付费训练营，自己较忙，但是助理没有做到每天督促小李打卡学习。

> 小李："您好，想跟您反映一个情况，我记得当初报名这个训练营的时候，应该是包括督导服务的。我自身非常忙，也是看中这点才报名参加，但是我现在几乎没有得到督导提醒，跟当初购买的服务不匹配。"

> 错误回复:"您好,很抱歉,最近我们助理的家人生病了……"

第一时间解释原因的做法容易让客户觉得你在找借口,即便你说的是事实。花了钱就应该享受到相应的服务,至于人员安排,是服务提供方需要协调的,并非客户需要承担的。

> 建议回复:"很抱歉带给您不好的体验,确实您这样的客户平时都是非常忙的,买了我们的服务就是为了有人监督您进行下去。谢谢您给我们提了个醒才知道助理没有服务到位,我今天会和管理团队反映这个情况,一定给您一个满意的答复。"

这种回复值得借鉴的地方在于,重复客户的情况,让客户感受到自己的问题被关注到了;接着承认了具体的错误,同时向客户表达了感谢,显得很大气;表明解决问题意愿的同时,还给出了具体时间,能让客户更安心。

因为销售方的失职造成的售后,销售员还应该主动联系客户,实时更新处理进度和情况。如:

> 您好,我这边得到领导的回复了,领导也非常重视您这个情况,您看这样行吗?我们两周后有一个新班,内容是一样的,可以帮您免费换到新班。同时作为补偿,我们为您建立一个专属的陪学群,更好地督促您学习。您看可以吗?实在不好意思。

给客户解决方案的同时，主动追加补偿，这样做能让客户感受到解决问题的态度和诚意，而且容易有"赚到了"的心理，消除之前的损失感。

协商顺利的后续跟进

销售员可以再次表达感谢，继续做好后续跟进。协商顺利的后续跟进应该着重于以下几个方面：

表达感谢和诚意：在协商顺利达成后，首先要再次表达感谢客户的合作和理解，以及对他们的诚意和耐心表示赞赏。

确认协议内容：再次确认双方达成的协议内容，包括补偿方案、解决问题的具体措施以及其他任何约定事项。确保双方对协议的理解一致。

承诺及时履行：向客户承诺尽快履行协议中的承诺，并明确时间表和具体操作步骤。让客户感受到你对协议的认真态度和积极行动。

跟进服务质量：在实施协议的过程中，保持与客户的沟通，确保服务的质量和效果符合期望。及时解决可能出现的问题，以确保客户的满意度。

感谢再次合作：在一切顺利完成后，再次向客户表达感谢，感谢他们的信任和合作，并表达希望能够继续合作的愿望。

总之，协商顺利的后续跟进是为了确保双方达成的协议得到有效执行，同时维护和加强与客户的关系，为未来的合作奠定良好的基础。

协商不顺利的后续跟进

如协商不顺利，可参考下面的做法。

> 小李:"换班是可以,但我已经错过了一个月的时间,时间成本谁来补偿?"
>
> 错误回复:"确实很抱歉,您看您这边觉得怎么补偿比较合适呢?"

直接问客户想要怎样解决问题,容易让客户觉得你在推卸责任,而且可能会出现客户提的需求不合理,难以收场的情况。

> 建议回复:感谢您的谅解,愿意接受换班的方案。确实很抱歉耽误您一个月时间了,在给到您前面补偿的前提下,我们特地为您追加了两套方案供您选择,您看可以吗?
>
> 第一种是学费打八折,退回20%给您;第二种是给您提供一对一服务30分钟,考虑到您学习的意向很大,老师一对一服务价值也蛮大的。您看您更愿意选择哪种处理方案呢?

这种回复的好处在于回应了客户的需求,让客户情绪进一步稳定。同时,在给予第一次提出的补偿方案后,主动追加了两种方案供客户选择,能让客户感受到你想帮其解决问题的诚意。

要注意,客户接受方案后,务必做好交付和跟进,让客户感受到被极度重视,不断重新获取客户的信任。

2. 非直接型

这类客户大多不好意思直接开口要补偿。假如你使用上一节提供的方式沟通后，客户仍表现出不满，则极有可能是这类客户。我们先看案例，再拆解应对方式。

案例：小朱购买某品牌热水器，收到后表面的漆有轻微刮痕。

小朱："你好，你们这个热水器，我感觉有质量问题。"

建议回复："您好，很抱歉没能让您及时使用上热水，请问目前能正常使用吗？"

小朱："好像可以吧，我也不知道过两天行不行。"

销售员："这个您放心，如果出现问题，我们是30天可换的。"

小朱："但你们这个颜色好像有色差。"

销售员："不好意思，给您添麻烦了，您是说跟图片有色差吗？"

小朱："是呀，而且我看这里好像还有一条线，像划坏了。"

销售员："好的，麻烦您拍照给我，我帮您处理一下售后。您看我给您换新可以吗？"

小朱："寄回去有点麻烦啊……"

销售员："那给您补偿10元，机器还留着用，后续如果还有问题，您再找我们，您看可以吗？"

小朱："那也行……"

从这个案例可以看出，当客户不直接要求补偿时，他们会围绕其他问题来回反复提问，而这些问题未必都是产品的实际问题。

案例中销售员把握了节奏，很好地引导了对话。当客户说质量有问题时，第一时间共情了具体的点，同时没有预判产品有什么问题，而是用一个限定性提问引导客户说出问题。随后给客户明确的退换承诺，进一步稳住客户情绪。当客户说出具体问题后，再确认情况。这样的沟通铺垫可以让客户感觉到被重视，从而能在两三轮沟通后，让客户更容易接受提出的补偿方案。

因此，这类客户的应对公式为：**态度好 + 做好铺垫 + 提供补偿方案**。如果在沟通中已经花费了一定的时间，为了节约沟通成本，可以尝试直接提供二选一的方案。如果协商顺利，要注意跟进补偿的到账情况；如果协商不顺利，可采取针对直接型客户的方式。

第3节
售后场景三：当客户询问解决方案

1. 探明真实需求

一些销售新手可能会误以为所有询问解决方案的客户都是寻求赔偿。这种误判容易导致客户对售后处理不满意，甚至可能失去潜在的重要客户。因此，当客户询问解决方案时，销售员应避免过早地做出任何判断，而要先找出客户的真实需求。

探明客户的真实需求，比给出方案本身更重要。如果没能抓住客户的真实需求，不仅给出方案时客户不满意，沟通成本高，而且不容易将其沉淀为铁粉，难以产生复购。

探明真实需求，可以按照以下三个步骤进行：

（1）肯定初次需求

当客户明确问解决方案时，先肯定客户初次提出的需求，这样做能缓解客户情绪，并为后续挖掘真实需求创造更好的环境。比如，小李购买了一台笔记本电脑后，发现外壳有轻微瑕疵。

> 小李："我今天打开包装，发现电脑外壳有一道划痕，我想换货。"
> 错误回答："实在不好意思，您看给您补偿50元，机器您留着可以吗？"

这种做法即"未探明真实需求"，较武断，存在较大风险。如：不知划痕大小，导致提供的赔偿金额不匹配客户预期；客户不一定真的想换货，只是想要借换货之由争取较多的补偿，等等。这种回答不符合客户需求，可能引发客户不好的情绪，导致后续沟通更加困难。

> 建议回答："您想换货吗？没问题的。"

（2）了解具体情况

肯定客户初次需求会让客户感到被满足，从而使销售员有机会了解更多真实情况，进而找出真实需求，并最终提出对双方来说都合适的方案。

客户反馈的问题未必就是真实存在的问题，因此，在这一步要求客户提供照片、截图等证据，以了解真实情况。建议继续询问：

> 很抱歉让您收到了有轻微瑕疵的机器，可能是我们这边出库的问题。能麻烦您帮忙拍一下有划痕的地方吗？这样我们这边好检查到底是哪里出了问题，麻烦您啦。

（3）探明真实需求

了解真实情况后，我们还需要探明客户的真实售后需求，如要求赔偿、更换产品或其他解决方案。注意，在这一步中，不要贸然给出方案，因为这可能会增加沟通成本，让客户觉得难以接受，从而失去耐心，对销售员产生不良印象。建议根据上述情况，对一个具体的情况发出提问。例如：

> 建议提问："我看这个划痕肉眼看着不是特别明显，需要特别仔细才能看到，不知道您平时使用时会经常看到这块儿吗？"
>
> 建议提问："我看这道划痕确实有点大，不过打开后，基本上咱们主要看屏幕，看不到后面，您是比较在意别人看到吗？"

这两种提问是就一个具体的情况探明客户在意什么，是否对细节要求高。如确认客户对细节要求高，则后续方案就可以让客户二选一。例如：

> 注意到您可能比较在意细节，这边直接给您换新机也是可以的。如果您怕麻烦可以给您补偿，机器您继续使用，后续有问题再找我们也可以。您看我这边按哪个方案给您处理更好呢？

这样和客户沟通，让客户感觉受到关注；根据需求提供相应的解决方案，这样客户可能会因为被重视而选择不更换产品，接受提供的备选方案，双方都更省心。

2. 主动给方案

在探清客户的真实需求后，可以尝试问客户是否能接受目前的解决方案，给予补偿，避免换货。如果客户提出的需求对销售员或品牌方来说成本过高，可以尝试提出其他解决方案。例如：

> 建议提问："您看要不是特别介意的话，这边尽量申请给您补偿100元，这已经是电脑价值的5%了，您看可以接受吗？"

在说明方案时，注意突出补偿的价值，尽量用具体的数字让客户感受到补偿的力度，并表达出我们已经竭尽全力，这样更容易被接受。

> 建议提问："这道划痕确实不是非常明显，看您也不是特别介意，其他功能都是正常的，我们这边申请给您补偿50元，您看可以接受吗？"

也可像这个案例，明确说明对方不介意的点，且强调功能正常或不影响使用，能加强客户的心理暗示，此后再说明补偿金额会更容易被接受。

3. 追加补偿

当客户不接受提供的方案时，则可以尝试以退为进。例如**补偿 + 追加补偿，补偿 + 追加赠品（礼品）**等。如：

> 建议说法："您看这样行吗，这边本来是给您申请补偿100元的，但这道划痕确实有点明显，所以再给您追加100元，您看可以接受吗？"
>
> 建议说法："您看这样行吗，这边本来是给您申请补偿100元的，刚才跟您沟通了解到您习惯用鼠标和键盘，我们再加赠您一套价值368元的键鼠套装，您看可以吗？"

无论是哪种类型的客户，都建议多做以下两点来提高客户的忠诚度和转介绍率：

第一，做好定期回访。比如，跟进换过的产品是否完好、使用是否正常，主动提出有任何问题都可以处理；关心客户后续情况，交代使用方法，避免因使用方法不当导致其对产品或品牌的不满，等等。

第二，根据数据情况判断客户是否为潜在大客户，可以不定期给对方惊喜，如手写感谢信、送节日问候、送节日礼物、生日礼物，邀请其参加活动，邀请其进行新品内测，等等。